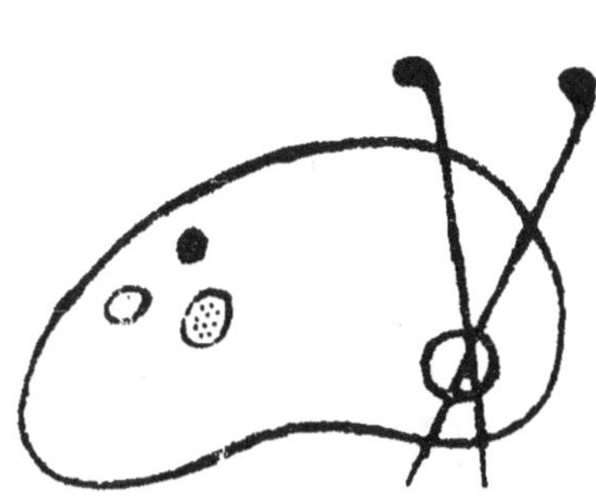

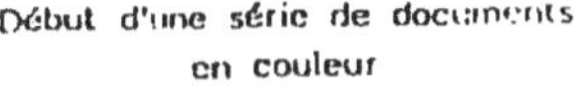

Début d'une série de documents
en couleur

Couverture inférieure manquante

L'ÉCONOMIE RURALE

DE LA FRANCE

SOUS HENRI IV

(1589-1610)

PAR

M. G. FAGNIEZ

(Extrait de *LA RÉFORME SOCIALE*)

PARIS

AU SECRÉTARIAT DE LA SOCIÉTÉ D'ÉCONOMIE SOCIALE

54, RUE DE SEINE, 54

1894

SOCIÉTÉ INTERNATIONALE D'ÉCONOMIE SOCIALE

La Société, fondée par Le Play, s'est constituée le 27 novembre 1856, pour remplir le vœu exprimé par l'Académie des sciences, en couronnant l'ouvrage intitulé les *Ouvriers européens*. Elle applique à l'étude comparée des diverses constitutions sociales la méthode d'observation, dite des monographies des familles. Elle reproduit les monographies les plus remarquables dans le recueil intitulé les *Ouvriers des deux mondes*, et publie le compte rendu *in extenso* de ses séances dans la *Réforme sociale*, bulletin de la Société d'économie sociale et des Unions.

La *Société d'Économie sociale* se compose de *Membres honoraires* versant une cotisation de 100 francs par an, au minimum, et de *Membres titulaires* payant 25 francs. L'un et l'autre de ces deux prix donnent droit à recevoir la *Réforme sociale*, qui est adressée à tous les Membres deux fois par mois, le 1er et le 16 : et les *Ouvriers des deux mondes* qui paraissent par fascicules trimestriels.

LES UNIONS DE LA PAIX SOCIALE

Les *Unions* ont pour but de propager et de mettre en pratique les doctrines de l'*École de la paix sociale*. Elle sont réparties par petits groupes en France et à l'étranger. Leur action s'exerce par l'intermédiaire de CORRESPONDANTS locaux.

Les membres sont invités à transmettre au secrétariat général les faits qu'ils ont pu observer autour d'eux, ou les renseignements qui sont parvenus à leur connaissance. Ces communications sont, suivant leur importance, mentionnées ou reproduites dans la *Réforme sociale*.

Les *Unions* se composent de membres *associés* et de membres *titulaires*. Les membres *associés* versent une cotisation annuelle de 15 francs (France et étranger) qui leur donne droit à recevoir deux fois par mois la *Réforme sociale*, bulletin de la *Société* et des *Unions*. Les *membres titulaires* concourent plus intimement aux travaux qui servent de base à la doctrine des *Unions* ; ils payent, outre la cotisation annuelle, un droit d'entrée de 10 francs au moment de leur admission, et reçoivent, en retour, pour une *valeur égale* d'ouvrages choisis dans la *Bibliothèque de la paix sociale* et livrés au prix de revient.

Pour être admis dans les *Unions de la paix sociale*, il faut être présenté par un membre, ou adresser directement une demande d'admission au Secrétaire général, rue de Seine, 54, à Paris. Les noms des membres nouvellement admis sont publiés dans la *Réforme sociale*.

LA RÉFORME SOCIALE

Bulletin de la Société d'Économie Sociale
et des Unions de la Paix Sociale.

Les personnes étrangères aux deux Sociétés peuvent s'abonner aux conditions suivantes :

FRANCE : UN AN 20 fr.; SIX MOIS 11 fr. | EUROPE : UN AN 25 fr.; SIX MOIS 14 fr.

Hors d'Europe : le port en sus.

Les abonnements partent du 1er de chaque mois.

CHAQUE LIVRAISON   1 FRANC

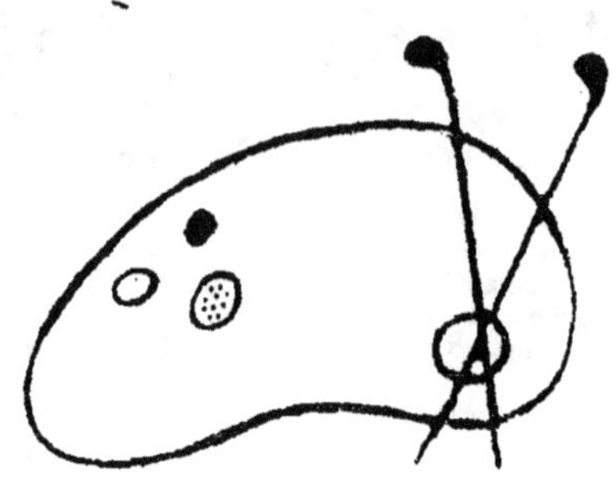

Fin d'une série de documents
en couleur

L'ÉCONOMIE RURALE

DE LA FRANCE

SOUS HENRI IV

(1589-1610)

PAR

M. G. FAGNIEZ

(Extrait de *LA RÉFORME SOCIALE*)

PARIS

AU SECRÉTARIAT DE LA SOCIÉTÉ D'ÉCONOMIE SOCIALE
54, RUE DE SEINE, 54

1894

L'ÉCONOMIE RURALE DE LA FRANCE

SOUS HENRI IV

(1589-1610).

De toutes les applications de l'activité humaine l'agriculture est celle qui se lie le plus intimement à la constitution de la société, de la propriété, de la famille. Suivant que la société est aristocratique ou démocratique, suivant que la propriété est collective ou individuelle, suivant la part que l'organisation de la famille fait à l'autorité paternelle et aux droits des enfants, l'exploitation du sol sera extensive ou intensive, aux mains d'une minorité ou d'un grand nombre de propriétaires, pastorale ou agricole. En même temps qu'elle est l'image des institutions sociales, l'agriculture est soumise aux lois régulières de la nature, toujours immuable en ses variations ; elle reproduit dans ses travaux la périodicité des évolutions de celle-ci ; elle berce ceux qui s'y livrent au mouvement monotone de ses opérations ; elle donne à leur vie la permanence des habitudes, à leur esprit une quiétude qui va parfois jusqu'à l'apathie et à la routine. Nous venons d'indiquer les deux aspects sous lesquels notre sujet se présente à nous : il se ramène, en effet, à l'étude de ce que la société et la nature réunies ont fait de l'économie rurale au temps d'Henri IV.

La multiplicité et la portée des questions soulevées par ce sujet n'en sont pas les seules difficultés. Les circonstances historiques dans lesquelles ces questions s'offrent à nous ajoutent à leur étude une difficulté de plus. Le pays que Henri IV se trouva brusquement appelé à gouverner n'était pas dans des conditions normales ; c'était un pays malade, malade à la fois d'une maladie aiguë et de consomption. Les lois de l'économie rurale, comme de l'économie sociale en général, en subissaient un trouble profond. Au moment où Henri IV montait sur le trône, il y avait onze ans qu'il en était ainsi, et cela devait durer encore près de neuf ans après son avènement. Cette particularité nous a tracé le plan de notre travail. Il s'ouvrira par un tableau raccourci de la situation où ces vingt ans de guerre civile et étrangère avaient réduit l'agriculture et les classes agricoles. Les mesures réparatrices adoptées par Henri IV sont inséparables de ce tableau, elles le suivront immédiatement ou plutôt elles s'y mêleront. Enfin nous chercherons à déterminer l'effet de ces mesures et à montrer l'état où la mort de ce prince laissa l'agriculture et les classes qui s'y consacrent.

En disant qu'à l'avènement de Henri IV la France avait été, pendant plus de onze ans, en proie à la guerre civile, nous avons résumé, sous une forme abstraite, un ensemble de souffrances que ceux-là seuls pourront se représenter qui connaissent le xvie siècle, ses fureurs religieuses, son insouciance de la vie humaine, ses âpres convoitises, ses voluptés mêlées de sang où l'Italie mettait sa corruption et la féodalité renaissante sa brutalité. Nous ne pouvons pourtant laisser tout à faire à l'imagination de nos lecteurs et nous devons placer sous leurs yeux quelques traits de la déplorable condition faite à l'agriculture et aux cultivateurs. L'indication chronologique que nous venons de donner est, d'ailleurs, au-dessous de la réalité, car, en dehors des onze années de guerre intestine déclarée qu'on compte depuis le massacre de Vassy (1er mars 1562) jusqu'à la mort de Henri III (2 août 1589), les habitants des campagnes avaient été loin de jouir de la sécurité nécessaire à leurs travaux. On sait que ni les trêves ni même les traités de paix n'interrompaient pas toujours ni sur tous les points les hostilités (1). Les troupes ne recevaient pas leur solde et ne se procuraient des vivres qu'à l'aide de réquisitions. Elles frappaient les campagnes de contributions et enlevaient le bétail ou s'emparaient de la personne des récalcitrants. Leur marche répandait la terreur dans la population civile. Le son lointain des tambours, la poussière soulevée à l'horizon par les *argoulets* galopant dans la plaine, étaient pour les paysans le signal de la fuite (2). C'était alors, chez tous ces pauvres gens, une panique, une agitation, une

---

(1) Relation de Cavalli, 1574, dans la coll. Alberi. Palma Cayet, *Chronologie novennaire*, Introd. 18. Lettre du roi de Navarre, 8 novembre 1580. *Lettres miss.*, I, 326-327.

(2) Agrippa d'Aubigné, *Les Tragiques; misères*, éd. Lalanne, I, 38-39.

cohue, dont un auteur contemporain, qui parle évidemment ici en
témoin oculaire, nous a transmis la description tragi-comique : on
clôturait portes et fenêtres comme si les maraudeurs pouvaient
être arrêtés par ce vain obstacle, on chassait le bétail devant soi,
on cachait sous son aisselle ses économies, on se chargeait, on
chargeait les bêtes de somme des ustensiles les plus indispensables,
on détachait de la cheminée les salaisons qui, dans la vie errante
où l'on entrait, devaient empêcher de mourir de faim, on se sauvait
dans le bois le plus voisin, on s'entassait dans les églises (1).

Aux États de Blois en 1588, les trois ordres avaient proposé des
moyens de remédier au fléau des troupes en marche. La noblesse
et le clergé avaient exprimé le vœu que l'itinéraire, les étapes
fussent fixées par un commissaire qui les accompagnerait; le Tiers
État avait demandé que la population civile fût autorisée à courir
sus aux pillards et que les soldats ne pussent vendre aux recé-
leurs qui suivaient l'armée le fruit de leur pillage (2).

A côté des troupes enrôlées dans un parti et qui, tout en confon-
dant trop souvent amis et ennemis, obéissaient cependant à une
certaine discipline, il y avait des bandes qui ne s'autorisaient ni de
la Ligue ni du roi et qui s'étaient formées dans le seul but d'exercer le brigandage. Ramassis de soldats licenciés, elles continuaient
en temps de paix à dévaliser et à torturer le « bonhomme » sans
pouvoir prétexter les nécessités de la guerre, l'intérêt d'une cause
générale. Serrées de près par les prévôts des maréchaux, placées
peut-être entre une expiation prochaine et une dernière débauche
de cupidité et de cruauté, elles se faisaient donner par leurs victimes
la comédie de la souffrance, liaient les paysans et les prêtres sur
un banc, et leur faisaient racheter aux enchères soit leurs lettres
de prêtrise soit la conservation d'un membre qui était mutilé si le
patient ne couvrait pas ces enchères (3). Elles avaient mille inven-
tions pour lui faire déclarer la cachette où il avait enfoui ses économies : on lui serrait la tête avec une corde, on le pendait
par les aisselles ou les doigts, on lui brûlait les pieds avec une
pelle rougie au feu, on l'enfermait dans un four, on lui faisait
prendre une immersion prolongée, on le tenaillait, on le rôtis-

(1) Noël du Fail, *Baliverneries*, I, 179, éd. Assezat. Du Châtelier, *L'agriculture et les classes agricoles en Bretagne*, 147.
(2) Picot, *Hist. des États génér.*, III, 214.
(3) Noël du Fail, *Baliverneries*, I, 179-180.

sait comme un chapon, on lui donnait les étrivières, on le salait, on le faisait jeûner, on le bernait (1).

Rien ne serait plus facile que de multiplier ces scènes d'horreur qui, dans des circonstances analogues, se sont toujours reproduites dans notre histoire. Nous aimons mieux emprunter à deux relations vénitiennes, l'une écrite en 1574, l'autre en 1582, un coup d'œil d'ensemble sur l'état du pays : « Partout des ruines, écrit Cavalli ; le bétail est, en grande partie, détruit, de sorte qu'on ne peut plus labourer et qu'une grande partie des champs reste en friche. Beaucoup de paysans ont abandonné leurs maisons..... La population n'est plus, comme autrefois, probe et civile ; la misère, la vue du sang, la guerre l'ont rendue rusée, grossière et sauvage (2). » Priuli nous apprend dans quelle classe se recrutaient particulièrement ceux qui vivaient de brigandage et pourquoi ils se recrutaient dans cette classe. C'était, pour la plupart, des gentilshommes pauvres, comme il y en avait beaucoup alors, des cadets de famille qui, privés de la plus grande partie de l'héritage paternel et n'ayant pas le moyen de s'entretenir dans l'armée régulière qui n'était pas payée, ayant d'ailleurs contracté dans la guerre civile l'habitude d'une vie aventureuse, se mettaient à vivre de rapines (3).

Lorsqu'il n'était encore que roi de Navarre, Henri avait déjà cherché à épargner à la population, autant que le permettaient les intérêts de sa cause et de son armée, les maux de la guerre. En 1577 il entreprit de débarrasser le plat pays de Périgord des forts et des bicoques d'où se répandait le pillage et où il trouvait une retraite (4). Le 15 mai 1580, il ordonnait au commandant de Panissaud de faire mettre en liberté des paysans que des soldats de la garnison avaient pris pour les rançonner. Il lui rappelait que les ordonnances militaires garantissaient la liberté et la sécurité aux paysans qui ne pactisaient pas avec l'ennemi (5). En 1582 il faisait forcer et tuer les capitaines huguenots La Fite, de Varies, Le Casse et d'autres qui s'étaient associés et fortifiés dans le château de La Fite pour se livrer au brigandage (6). En 1583, il exprimait

_____

(1) *Satyre Ménippée.* éd, Labitte, 115. — Agrippa d'Aubigné, *Les Tragiques ; misères,* 41-47.
(2) Alberi, I, 314.
(3) *Ibid.,* 412.
(4) *Lettres miss.,* I, 145.
(5) *Lettres miss., Suppl.,* VIII, 186.
(6) *Ibid.,* I, 479.

l'*intention de faire dorénavant loger ses gardes dans les villes où il* se trouvait et non dans les villages des environs « pour éviter la foule et plainte du peuple (1) ». Le 29 août 1584, il recommandait au gouverneur de Montréal (Aude) d'empêcher le renouvellement des coürses que sa garnison avait poussées jusqu'à Limoux (2).

On trouve partout de pareilles préoccupations et ce n'est pas chez Henri IV qu'on s'étonnera de les trouver. La pitié n'était pas inconnue au xvie siècle, mais ce qu'on ne connaissait pas, ce qu'on devait ignorer jusqu'à Louvois, c'est l'art de faire vivre et mouvoir au sein de la population civile, sans de trop vives souffrances, des troupes régulières. Comment ces souffrances auraient-elles pu lui être évitées dans un temps où elle avait affaire non seulement à des troupes régulières, mais à des bandes sans aveu ? On peut donc affirmer que les bonnes intentions du roi de Navarre restèrent à peu près stériles.

Les conséquences habituelles d'un pareil état de choses ne manquèrent pas de se produire : abandon de la culture sur beaucoup de points, dépopulation des campagnes, disettes, jacqueries nées du désespoir, du dégoût du travail, du goût du pillage contracté par les victimes à l'école des bourreaux. Le « bonhomme » devenait féroce à son tour; sous les noms de *Gautiers*, de *Croquants*, de *Châteauverds*, des bandes peu aguerries faisaient trembler pourtant et ses égaux et ses maîtres (3).

Toutefois, dans aucun pays, et moins en France que dans tou autre, l'anarchie n'interrompt partout le labeur patient, persévérant, acharné des petits cultivateurs. Parmi les grands, beaucoup avaient su, soit en traitant avec les partis armés, soit en les intimidant, soit par des sauvegardes, soit par l'armement de leurs tenanciers, préserver leurs domaines. Les bandes une fois éloignées, ie paysan sortait furtivement des bois, rentrait dans son village envahi par les loups et les renards, s'attelait, faute de bétail, à la charrue et semait à la hâte (4). Le calme durait-il, il remplaçait ce qui lui avait été pris, ce qu'il n'avait pu emmener ou emporter, et

(1) *Lettres miss.*, I, 507.
(2) *Ibid.*, I, 679.
(3) Pour ce qu'il fasche beaucoup à aucuns de se remettre à travailler en leur mesnage après avoir gousté la licence de la guerre et... aiment mieux voler et cober que retourner en leur première subjection. *Dialogue récréatif du marchand et du soldat*, 1576. *Variétés hist. et litt.*, VI. *Satire Ménippée*, ed. Labitte, p. 34.
(4) Aubigné, *Tragiques; Misères*, I, p. 41-42.

recommençait à cultiver avec une ardeur nouvelle le lopin de terre héréditaire (1). Parfois d'ailleurs sa pauvreté le sauvait : le sac des villes qui était alors permis par les lois de la guerre, tentait bien plus le soldat que le pillage peu profitable des villages. Grâce au désordre du temps, la taille ne venait plus atteindre le petit cultivateur avec la même exactitude et la même rigueur que dans les temps réguliers. Enfin toutes les provinces n'avaient pas été éprouvées par la guerre civile et le brigandage. Dans sa relation de 1572, Giovanni Michieli constate que, si, dans les provinces où la guerre a sévi, surtout sur le chemin de Lyon à Paris qu'il avait suivi, beaucoup d'édifices ont été totalement ou partiellement détruits, si les églises ont particulièrement souffert — ce qui s'explique et par le fanatisme protestant et par la transformation des édifices religieux en forteresses — le sol n'a pas cessé d'être cultivé (2). Les ressources naturelles de la France, dit Priuli dans la relation de 1582 que nous citions tout à l'heure, n'ont jamais mieux apparu que dans la guerre civile. Elle n'y a pas produit les conséquences qu'elle produit ailleurs. Pas un coin du pays n'est resté désert ni inculte une seule année. Les armées ont eu beau ruiner les régions qu'elles traversaient, celles qui leur succédaient ont toujours trouvé de quoi vivre. Le royaume a pu payer au roi plus de 10 millions d'écus par an, sans parler de l'argent levé par les gouverneurs pour les dépenses locales, ni des sommes beaucoup plus considérables extorquées par les soldats à l'aide de mille moyens invraisemblables. La France comptait encore plus de seize millions d'habitants (3).

Nous avons tenu à reproduire cet hommage désintéressé à la vitalité de notre pays. Il ne dément pas ce que nous avons dit de la multiplicité des terres en friche, mais il permet d'affirmer que la plupart des petits cultivateurs ne se laissaient pas décourager par l'inanité trop fréquente de leurs efforts, que le travail ne se lassait généralement pas de reconstituer le modeste capital foncier que la guerre civile ne se lassait guère non plus de détruire.

L'avènement de Henri IV ne procura pas à l'agriculture plus de sécurité. La guerre civile et étrangère dura neuf ans encore ; toutefois, si le pays ne fut entièrement pacifié que par la soumission du

---

(1) Carew reconnaît la supériorité du paysan français sur le paysan anglais comme sobriété et puissance de travail, *A relation of the state of France... by sir George Carew upon his return from his embassy...* in 1609 dans Birch, *An historical View of the negociations betweem the courts of England, France and Brussels...* London, 1749, p. 431. — (2) Alberi, IV, 288. — (3) Alberi, IV, 409.

duc de Mercœur et le traité de Vervins (mars et mai 1598), dès 1595
les deux tiers (1) ou même plus des trois quarts (2) de la France
reconnaissaient l'autorité royale. Or à peine cette autorité était-
elle rétablie dans une province qu'elle s'appliquait à la purger du
brigandage. Après la réduction de la Normandie en 1594, les prévôts des maréchaux battirent le pays avec de la cavalerie et pour-
chassèrent dans leurs retraites les voleurs qui l'infestaient (3).
Devenu, à la suite du combat de Fontaine-Française, maître de la
Bourgogne, le roi affranchit les campagnes des exactions et des
violences que leur faisaient également subir royaux et ligueurs (4).
Dès le mois de novembre 1590, il avait pris des mesures pour faire
observer la discipline par son armée et pour protéger contre les
excès de ses soldats la population agricole, les églises et le clergé.
Un règlement militaire adopté le 3 novembre au camp d'Écouis
(Eure) défendit aux chefs et aux soldats d'abandonner les quartiers
à eux assignés par les maréchaux de camp et des logis et de mal-
traiter les habitants chez qui ils étaient logés ; il mettait en même
temps sous la sauvegarde royale les paysans et leur bétail, limitait
à vingt-quatre heures le sac des villes prises, réservait à l'armée le
blé et le vin qui s'y trouveraient. On sait qu'à cette époque les
armées étaient suivies d'une foule de non-combattants qui contri-
buaient pour une large part à l'indiscipline. Cette queue de pillards,
de goujats, de receleurs que chaque armée traînait après elle, fut
obligée d'entrer dans les cadres. Pour prix de ces mesures protec-
trices, le roi exigea que les paysans ne portassent pas de vivres
dans les villes rebelles (5). L'édit rendu au siège de Chartres le
7 mars 1591 visait au même but par des mesures plus générales.
Cet édit défendit, sous peine de mort, d'enrôler des troupes sans le
commandement du roi, de construire ou d'occuper des forteresses et

(1) Poirson II, 173.
(2) *Ibid.*, 192.
(3) « Sur ce que les habitants de la ville et plat pays du baillage de Gisors ont
remontré qu'à l'occasion de la licence que le long cours des troubles a introduite
en ce royaume et l'impunité des crimes qui se commettent, il se trouve en tous
les endroits du pays de Normandie, encore qu'il soit réduit en l'obéissance de
S. M., un si grand nombre de gens de guerre et autres sans adveu voleurs et bri-
gans qu'il est impossible aux habitants dudit pays de traficquer... » Arrêt du Conseil du 24 novembre 1594. Fr. 18159, f° 462. Palma Cayet 578, 5 juin 1595.
(4) Poirson II, 69.
(5) Arrêtés du Roy publiés en ses camps et armées pour la sûreté des laboureurs. Châlons, 1591.

de forcer les paysans à y travailler, de lever des contributions en argent ou en nature, de saisir le bétail et les instruments aratoires, de rançonner les paysans, les prêtres, les religieux, sauf dans le cas où ils prendraient les armes contre le roi ou fourniraient des vivres à l'ennemi, de faire payer une rançon aux prisonniers avant que les gouverneurs de provinces et les officiers supérieurs de l'armée eussent décidé s'ils avaient été pris en vertu du droit de la guerre, de se saisir, sous aucun prétexte, des femmes et des enfants, de piller, de son autorité privée, les biens de l'ennemi (1). Dans les trêves conclues entre le roi et Mayenne les intérêts de l'agriculture sont stipulés, comme ceux du commerce. L'art. 4 de la trève signée à la Villette le 31 juillet 1593 est ainsi conçu : « Les laboureurs pourront, en toute liberté, faire leurs labourages, charrois et œuvres accoutumées, sans qu'ils y puissent être empêchés ou molestés en quelque façon que ce soit, sur peine de la vie à ceux qui feront le contraire. » L'article 15 règle que « tous gens de guerre, d'une part et d'autre, seront mis en garnison, sans qu'il leur soit permis de tenir les champs à la foule du peuple et ruine du plat pays. » L'article 16 charge les prévôts des maréchaux de faire la police de la campagne (2). Un traité particulier (3) appliqua expressément aux vendanges des environs de Paris la liberté accordée par la trève de La Villette aux travaux agricoles; comme la trève de La Villette, il était le fruit de la lassitude des combattants, du désir de ménager Paris où l'opinion était de plus en plus favorable à la paix et où le roi ne devait pas tarder à entrer. Les articles 4 et 16 de cette trève furent également reproduits dans celle qui fut conclue à Lyon le 23 septembre 1595 (4).

De la part d'Henri IV ces stipulations étaient sincères, elles l'étaient moins de la part des chefs de la Ligue, et on peut croire, sans leur faire injure, qu'ils en tenaient peu de compte, car le principal motif qui les retenait dans l'Union était d'exploiter le plus possible leurs gouvernements et leurs charges jusqu'au moment où ils se verraient obligés de faire leur soumission. Les paroles que les auteurs de la *Satire Ménippée* mettent dans la bouche du sieur de

______

(1) *Thuani Historia*, V, 61.

(2) Palma Cayet, *Chr. noven.*, 498-500.

(3) Traité particulier pour les vendanges des environs de Paris 2 octobre 1593. Paris, chez Fréd. Morel.

(4) *Ibid*, 681.

Rieux (1), orateur de la noblesse aux états généraux de 1593, ne calomnient pas cette noblesse guisarde et peignent fidèlement, au contraire, les intérêts qui l'attachaient à la Ligue : « Cependant je courrerai la vache et le manant tant que je pourrai, et n'y aura paysan, laboureur ni marchand autour de moi et à dix lieues à la ronde qui ne passe par mes mains et qui ne me paye taille ou rançon (2). » Si l'on compare les aveux du sieur de Rieux à ce que les registres des états de Bretagne et les travaux d'histoire locale nous apprennent des crimes commis dans cette province, dans l'Anjou, le Poitou et ailleurs, par les Eder de Fontenelle, les Duplessis de Come, les La Motte Serrant, les deux frères Saint-Offange, on voit que les auteurs de la *Satire Ménippée* n'ont rien exagéré. On frissonne encore dans les veillées de Bretagne, en entendant les chants populaires qui racontent les crimes et le châtiment d'Eder de Fontenelle roué le 17 septembre 1602 et apitoient sur les victimes d'une femme, Marguerite Charlès et des Rannou, ses lieutenants qui, postés à la tête d'une bande de voleurs, à Saint-Michel en Grève, entre Lannion et Plestin, détroussaient et assassinaient les voyageurs (3).

Il faut ajouter que ce n'est qu'en 1598 qu'Eder de Fontenelle, Duplessis de Come, Saint-Offange firent leur soumission (encore venons-nous de voir que le premier resta incorrigible), que la pacification de la Bretagne ne mit pas complètement fin au brigandage et à la terreur qui y avaient régné du commencement de 1593 à la fin de 1597 (4), que le légendaire capitaine Guillery, établi avec une bande de quatre cents hommes dans la forêt de Machecoul, continua à voler sur les grands chemins, à forcer les maisons de campagne, à rendre le commerce impossible dans un rayon de trente à quarante lieues et n'expia ses crimes sur la roue qu'en 1608 (4). A la même date, la Bourgogne était encore frappée de contributions par d'anciens capitaines ligueurs, parcourue par des bandes d'anciens soldats de l'Union qui trouvaient dans les châteaux de Talan,

---

(1) M. Prioux a essayé de réhabiliter ce personnage.
(2) *Satire Ménippée*, 115.
(3) *Chants popul. de la basse Bretagne*, p. p. Luzel, II.
(4) Reg. journal de Henri IV, 475. *Hist. véridique des grandes et exécrables voleries et subtilités de Guillery*, p. p. B. Fillon, 1848, in-8°. *La Prise et défaite du capitaine Guillery*, in-8°, 1609. Réimpr. dans *Var. hist. et litt.*, I, 289. *Reproches du capitaine Guillery. Ibid*, XIII.

de Vergy, de Noyers, un refuge assuré (1). *Les détrousseurs de passants et de maisons* que nous venons de nommer eurent de nombreux émules et de nombreux successeurs. Leurs exploits, où la générosité et l'héroïsme venaient parfois se mêler au brigandage, ont tellement frappé l'imagination populaire qu'ils ont failli donner un type à la littérature française (2).

La démolition des forteresses élevées pendant la guerre avait fait l'objet d'un vœu des notables assemblés à Rouen en 1596 (3); ce vœu répondait aux intentions du roi. Il supprima spontanément les garnisons de tous les châteaux appartenant à des particuliers (4). En 1596 il licencia les gens d'armes qui foulaient le Dauphiné. Les compagnies supprimées ayant continué à vivre sur le paysan par lequel elles se faisaient entretenir, à raison de 40 s. par jour et par cavalier, la population fit entendre de nouvelles plaintes. Le roi ordonna que les compagnies de pied et de cheval qui ne figuraient pas sur l'état d'effectif arrêté au mois d'août 1596 seraient supprimées et évacueraient la province. *Si elles continuaient à vouloir lever des contributions, la population était autorisée à résister* (5). Une déclaration du 24 février 1597 ordonna aux gouverneurs et aux lieutenants généraux et particuliers de courir sus aux gens de guerre qui tenaient la campagne sans commission royale et d'obliger ceux qui traversaient le pays en vertu d'ordres du roi, à se rendre sans délai à leur destination. Les commandants de ces corps de troupe devaient, avant d'entrer dans une province, faire connaître au gouverneur les ordres en vertu desquels ils se déplaçaient, ainsi que le nombre et le nom de leurs hommes, et prendre l'attache de ce gouverneur pour trouver, par étape ou autrement, des logements et des vivres. Tous les mois les gouverneurs informeraient le roi des troupes qui auraient passé dans leur gouvernement, ainsi que de la conduite qu'elles y auraient tenue (6). La correspondance du roi témoigne de sa

(1) Poirson III, 13-14.
(2) Rapprocher à ce point de vue le personnage imaginaire de Picotin (*La plaisante nouvelle apportée sur tout ce qui se passe en la guerre de Piemont avec la harangue du capitaine Picotin faicte au duc de Savoie sur le mécontentement des soldats français*, 1615, *Var. hist. et litt.* VI), et le personnage historique de Carrefour. *Exécution du capitaine Carrefour. Ibid.*
(3) Poirson, II, 281.
(4) Lettres du 17 janvier, 26 février 1585. *Lettres miss.* IV, 299, 318.
(5) *Lettres miss..* VIII, 623.
(6) Isambert, XV, 128.

vigueur dans la répression de l'indiscipline. En 1596, il ordonne au connétable de Montmorency d'envoyer la maréchaussée contre les brigands qui infestent les grandes routes et contre les déserteurs qui en grossissent le nombre (1). La même année il enjoint au duc de Montpensier de licencier ou d'envoyer à l'armée sa compagnie de chevau-légers, qui, depuis six mois, pillait le pays (2). En 1597 il écrit au connétable de forcer les compagnies qui parcourent la Champagne à rejoindre l'armée et, si elles s'y refusent, de les faire tailler en pièces (3). En 1598 les garnisons de Normandie, ne recevant pas leur solde, se répandent dans le pays. Sur les plaintes du parlement de Rouen, le roi envoie l'argent et écrit au duc de Montpensier de les faire rentrer dans les places et, en cas de résistance, de les exterminer (4). Le 1er avril 1598, s'adressant au connétable : « ... je vous prie, lui dit-il, non seulement de ne faire payer les compagnies qui refuseront d'entrer en garnison, mais aussi de casser... et faire courre sur celles qui se débanderont pour tenir les champs... Si nous n'avons tous aucune compassion du peuple, il faudra qu'il succombe et que nous périssions tous avec lui; auquel propos je vous dirai que j'ai reçu depuis peu infinies plaintes de votre compagnie de gens d'armes et de celle de Splandian, lesquelles on m'a rapporté être encore vers Argentan, faisant peu de cas d'aller en l'armée et opprimant grandement mes sujets du pays, ce que je m'assure que vous ignorez... Partant je vous prie d'y pourvoir (5). » La même année, il fit marcher trois régiments contre un capitaine nommé Leviston qui ravageait le Berry et il annonça l'intention, lorsque la paix qui se négociait alors avec l'Espagne serait conclue, de décharger sans tarder son peuple « de telle sorte de gens (6) ». La paix signée, ce fut le connétable « son compère » qu'il chargea de licencier l'armée, ce qui était une mission difficile, car on lui devait encore sa solde (7). Peu de temps après le traité de Vervins, le 4 août, il défendit le port des armes à feu (8). C'était là une mesure radicale, difficile à faire

(1) 4 et 6 mars 1596. *Lettres miss.* IV, 513-515.
(2) Le roi au connétable, 7 octobre 1596, *Ibid.* 646.
(3) 23 avril 1597. *Ibid.* IV, 74.
(4) Le roi au parlement de Normandie, 17 février 1598, *Ibid.*, IV, 908.
(5) *Ibid.* IV (?) 946.
(6) 4 mai 1598. *Ibid.*, IV, 975.
(7) *Ibid.* IV, 1002.
(8) Isambert, XV. Isambert date cette déclaration du 4 avril, mais c'est sous la date du 4 août qu'elle est visée par la déclaration du 14 août 1601.

exécuter et à concilier avec le droit de chasse; il y dérogea le premier par une foule de dispenses particulières (1). Aussi, dans son
édit général sur la chasse de 1601, il se relâcha de cette rigueur et
permit aux gentishommes l'usage de l'arquebuse sur leurs terres.
Mais les passions étaient encore trop ardentes, les habitudes trop
peu pacifiées pour que cette permission ne fût pas prématurée : la
noblesse en profita pour vider ses querelles particulières, la paix
publique fut mise en péril, il y eut une recrudescence de rassem-
blements armés et de meurtres. Le roi interdit de nouveau à tout le
monde l'usage de l'arquebuse et du pistolet (2). Cette interdiction,
toutefois, ne pouvait être durable et, l'apaisement ayant fait des
progrès, la déclaration du 3 mars 1604 rendit aux seigneurs le
droit de chasser à l'arquebuse sur leurs terres (3). Dès 1601 un
édit également inspiré par la préoccupation de la sûreté publique,
avait réservé à l'État le monopole de la fabrication et de la vente
des pièces d'artillerie, de la poudre et des munitions de guerre (4).

En conservant aux gentilshommes par son édit de 1601, le privilège exclusif de la chasse, le roi défendit de chasser dans les blés
en tige et les vignes depuis le 1er mars jusqu'après les vendanges
et obligea les seigneurs de fiefs à réunir leurs hommes tous les
trois mois pour faire la chasse aux loups, aux renards, aux blai-
reaux et aux autres animaux nuisibles qui s'étaient beaucoup
multipliés pendant les guerres civiles. Du reste le souci de l'agriculture est ce qui apparaît le moins dans cet édit, comme dans
celui de juillet 1607; ce qui y domine, c'est la préoccupation de
conserver le gibier et de limiter le droit de chasse au roi et aux
seigneurs qui feront reconnaître leurs titres par les autorités com-
pétentes.

Il ne suffisait pas de penser à la sécurité future du cultivateur,
il fallait aussi s'occuper de la situation précaire et obérée où le
passé le laissait. Ayant souvent perdu dans la guerre sa récolte et
son matériel d'exploitation, il avait dû emprunter pour les remplacer. Dans ces temps troublés l'argent était cher et l'on n'en trouvait pas à emprunter au-dessous du denier douze, c'est-à-dire de
huit un tiers pour cent. Endetté envers les particuliers, le cultiva-

(1) Edit sur la chasse de 1601. Isambert.
(2) Déclaration du 14 août 1603, Fontanon II. 341.
(3) *Ibid.*, 342.
(4) Isambert, XV, 263.

teur l'était aussi envers le fisc, auquel étaient encore dues des tailles échues avant 1589. Sous le coup de l'emprisonnement et de la saisie, il abandonnait son village et laissait ses champs en friche. A quoi lui aurait servi de rentrer dans sa maison, à peu près assurée maintenant contre le pillage, pour s'en voir bientôt expulsé, pour se voir lui-même arrêter par les recors ? La déclaration de mars 1595 signale la « cessation presque générale du labour ». Le roi commença par réduire d'un tiers les intérêts des rentes au denier dix et au denier douze qui étaient échus de 1589 à 1593 (édit du 8 juillet 1594). Les arrérages échus avant cette période ne subissaient pas de réduction, ils devaient être payés en 1595 et 1596, en même temps que les intérêts de la période quinquennale et les intérêts courants, au taux stipulé par le contrat (1). En 1595 Henri déclara insaisissables les instruments aratoires et le bétail et défendit de réquisitionner illégalement les laboureurs, leurs chevaux et leur matériel d'exploitation (2). Il rendait ainsi perpétuelle l'insaisissabilité temporaire accordée par Charles IX en 1571 (3) et satisfaisait au vœu exprimé par le tiers aux États généraux de 1576 et de 1588 (4). Ce fut pour fournir des chevaux à l'agriculture, non moins qu'aux voyageurs et aux transports, qu'il créa (5) des relais dans les villes et les bourgades distantes entre elles de douze, quatorze ou quinze lieues (6). Le grand édit de 1600, qui réforma profondément l'assiette et la perception de la taille, remit aux contribuables l'arriéré des tailles de 1596 et des années antérieures, qui s'élevait à 20 millions, fit rentrer dans la classe des taillables tous les usurpateurs de noblesse, déjoua les fraudes employées pour échapper à la taille et autorisa les paroisses à racheter, au prix coutant, dans les quatre ans, les communaux et les droits d'usage aliénés à vil prix pour payer les exactions qu'elles avaient eu à subir dans la guerre civile (7).

C'était surtout sur les cultivateurs que pesait la taille. Ce fut à eux que profitèrent les réductions successives qui, de 1597 à 1609, en abaissèrent le montant de 20 à 14 millions.

(1) Fontanon, I, 722.
(2) Déclaration du 16 mars 1595. Isambert, XV, 98-99.
(3) *Ibid.* XIV, 238,
(4) Picot III, 186.
(5) Edit de mars 1597.
(6) Isambert XV, 131.
(7) *Ibid* V, n° 139.

Henri IV n'introduisit pas, au contraire, d'améliorations impor-
tantes dans l'assiette et la perception d'un autre impôt qui portait
sur un des produits les plus utiles à l'agriculture et à l'élève du
bétail (1). Nous voulons parler de la gabelle. Cet impôt révêtait la
forme d'un monopole. Ce qui aggravait ce monopole, c'est que le
contribuable, au lieu de le supporter dans la proportion de sa consommation, le supportait dans la mesure déterminée par le fisc.
Tous les ans des conseillers de la Cour des aides répartissaient
entre les paroisses des généralités soumises à la gabelle la quantité de sel qu'ils estimaient répondre à leurs besoins. Cette quantité leur était fournie par le fermier de la gabelle à un prix exor-
bitant. De quinze écus le prix du muid s'était élevé après 1588 à
soixante-trois (2). Georges Carew, ambassadeur d'Angleterre en
France de 1606 à 1610, estime que le sel nécessaire à la consommation annuelle de sa maison coûtait vingt-huit fois plus à Paris
qu'en Angleterre (3). Les paroisses répartissaient entre leurs habitants le sel qui leur avait été imposé par les conseillers. Cette répartition, elle non plus, n'était pas, tant s'en faut, en rapport avec
les besoins de chacun : les uns en avaient plus qu'ils n'en pouvaient consommer, les autres étaient insuffisamment pourvus,
mais, le sel étant monopolisé par l'État, les premiers ne pouvaient
vendre leur excédent aux seconds. Il faut ajouter, pour ne rien
exagérer, que ce système ne s'appliquait dans toute sa rigueur
qu'aux pays de *grande gabelle* c'est-à-dire aux généralités de Paris,
d'Orléans, de Tours, de Bourges, de Moulins, de Bourgogne, de
Châlons, de Soissons, d'Amiens, de Rouen et de Caen. Sully, peu
partisan d'ailleurs de la gabelle (4), tenait à ce qu'en cas d'augmentation, l'assiette de la *crue* eût lieu non par *généralités mais par
paroisses* ; l'estimation du revenu d'une généralité prêtait plus, en
effet, à l'arbitraire que l'estimation du revenu d'une paroisse. Il
veillait aussi à ce que la répartition fût équitable, à ce qu'elle tint
compte de l'augmentation et de la diminution du revenu dans les

(1) Voy. notamment sur l'utilité du sel dans la nourriture du bétail l'abbé
Tessier, *Discours prel.* de la section *Agriculture* de *l'Encyclopédie méth.*, p. 21.
(2) Coquille, *Dialogue sur les causes des misères de la France*, p. 233. Clamageran, *Hist. de l'impôt*, II, 284-285.
(3) Dans Birch, *An historical Vievv..* p. 438.
(4) En 1605 il représentait au roi : « qu'il n'y avait point de plus onéreuses
impositions que celles qui se levaient par capitation sur le sel... » *Economies roy*,
éd. 1725, Amsterdam, VIII, 65-66.

paroisses (1). C'est, à notre connaissance, le seul indice qu'il se soit occupé de la gabelle. Nous devons dire cependant que, d'après M. Dareste (2), il aurait réussi à diminuer le prix du sel en augmentant le produit de l'impôt, et à supprimer la solidarité des collecteurs.

C'était beaucoup d'alléger les charges de l'agriculture. Il fallait encore l'encourager à produire en lui ouvrant des débouchés aussi étendus que possible. L'ancien régime n'avait pas compris que le meilleur moyen d'avoir le blé à bon marché est de le laisser circuler librement. Les autorités locales cherchaient toujours à le retenir dans les provinces où il avait été récolté. Quant au gouvernement central, il accordait assez libéralement des *traites*, c'est-à-dire des permis d'exportation, parce que ces traites étaient pour lui une source de revenus. Bodin blâme la facilité avec laquelle nos rois permettaient l'exportation de nos denrées et particulièrement du blé et, partageant sur ce point le préjugé de son temps, il y voit une des causes de l'enchérissement (3). Depuis son avènement jusqu'en 1595, Henri IV avait autorisé la libre sortie des grains. A lire le préambule des lettres patentes du 12 mars de cette année, par lesquelles il interdit l'exportation, on croirait qu'il a changé de système, car, après avoir rendu hommage aux bienfaits de la liberté commerciale, il déclare que la France peut se passer des étrangers et se suffire à elle-même et que la continuation de la libre exportation la réduirait à la disette; mais il n'y eut là en réalité qu'une mesure de circonstance. La guerre venait d'être déclarée à l'Espagne. Or l'Espagne était le marché le plus important de nos céréales et nous lui fournissions presque toutes celles dont elle avait besoin (4). C'était pour la priver de cette ressource et nous réserver toutes les nôtres au début d'une guerre et en prévision d'une disette, que le roi révoquait ou plutôt suspendait la liberté d'exportation. Après la paix de Vervins, il la rétablit, au moins partiellement. Il accorda à la Bretagne, à la Normandie, à la Champagne, au Languedoc, à la Guyenne le droit d'exporter leur blé et leur vin, moyennant une surtaxe d'un demi-écu par charge de

(1) Sully au lieutenant de Blois, 23 oct. 1606, *Écon. royales*, IX, 215.
(2) *Hist. de l'administration...* II, 100.
(3) *Discours sur l'extrême cherté*, 147, 173-174.
(4) Nos provinces frontières lui fournissaient aussi des bras pour faire sa récolte. Carew, p. 431.

2

blé et d'un écu par muid de vin (1). Enfin, le 26 février 1601, il abolit cette surtaxe et rendit l'exportation entièrement libre.

Il eut plus d'une fois à défendre contre l'intérêt local le principe dont il avait compris la fécondité. En 1604 les autorités du Dauphiné interdirent la sortie du blé. L'échevinage de Lyon s'en plaignit. Le roi écrivit à Lesdiguières, gouverneur du Dauphiné, de révoquer cette prohibition. Il fait, à cette occasion, une profession de foi économique très explicite : « voulant, comme il est juste et raisonnable, dit-il, que la liberté du commerce soit permise en toutes nos provinces et que celles qui ont nécessité d'une espèce de marchandises, même de celle de l'aliment et nourriture des personnes, en soient secourues par les autres où elles abondent davantage (2). » La même année, le parlement de Toulouse fit ce qu'on avait fait en Dauphiné. Les fermiers des traites foraines refusèrent alors de payer le prix de leurs fermes. Les trésoriers de France en Languedoc en informèrent Sully qui se plaignit au roi (3). On se fera une idée du pouvoir que s'arrogeaient, en pareille matière, les fonctionnaires subalternes eux-mêmes et de la fâcheuse décentralisation qui régnait dans l'administration des subsistances publiques, en lisant une lettre où le ministre raconte au roi que le *juge* de Saumur a défendu de transporter les blés hors du royaume et d'en vendre dans son ressort. « Si chaque officier en faisait autant, écrivait Sully, votre peuple serait bientôt sans argent et par conséquent Votre Majesté. Nous avons cassé le jugement et donné ajournement personnel aux officiers qui l'ont donné (4). »

Henri IV avait gardé le souvenir des marais de la Gascogne, de l'Aunis et du Poitou, près desquels sa jeunesse nomade et guerrière l'avait conduit et, dans une lettre à la belle Corisande, il a laissé une jolie description des derniers. Monté sur le trône, il prit à cœur de transformer en cultures ceux qui, là et ailleurs, s'étaient formés naturellement ou, comme ceux de la Dombes (5) et de la

(1) L'acte rétablissant cette liberté restreinte ne s'est pas conservé. Elle résulte des lettres pat. du 26 février 1601, publiées par Delamare, *Traité de la police*, liv. V, p. 932. Voy. aussi une lettre de Henri IV au gouverneur de Béziers du 24 janv. 1599 (*Lettres miss.*, VIII, 726) qui paraît bien autoriser la traite pour toute la France.

(2) Lettre du 3 oct. 1604 à l'échevinage de Lyon. *Lettres miss.*, VI, 300.

(3) Sully au roi, 13 sept. 1604. *Écon. roy.*, VII, 223.

(4) Sully au roi, 27 avril 1607. *Ibid.*, IX, 286.

(5) Guigue, *Essai sur les causes de la dépopulation dans la Dombes et l'origine de ses étangs.*

Brenne, avaient été créés artificiellement. Mais leur desséchement
ne pouvait être entrepris qu'à l'aide de procédés dont personne en
France n'avait le secret et de capitaux qu'une entreprise aussi nouvelle et aussi hasardeuse n'avait guère chance d'attirer. Pas un Français ne se présenta pour tenter ce grand travail. Le roi accepta alors
les offres d'un Hollandais de Berg-op-Zoom, Humphrey Bradley (1),
qui, dans un pays conquis sur la mer et sans cesse menacé par
elle, avait acquis l'expérience des travaux d'endiguement et de
desséchement.

Déjà Bradley avait obtenu le privilège du desséchement des marais de Chaumont-en-Vexin 1597, puis, au mois de janvier 1599,
celui du desséchement des *palus* de Bordeaux (2). Ces entreprises
particulières le désignaient pour la direction de l'entreprise générale à laquelle songeait Henri IV. Il reçut le titre de *maître des
digues* et passa avec le roi, le 8 avril 1599, un traité en forme d'é-
dit. Aux termes de ce traité les marais salants, les marais et les
étangs poissonneux, ceux qui, alimentant les fossés des villes et
des châteaux, avaient une importance stratégique, tous ceux, en
un mot, qui étaient utiles devaient être conservés. Le principal
bénéfice de l'entrepreneur devait consister dans la moitié des terrains desséchés, qu'ils appartinssent au domaine ou à des particuliers. Ceux-ci étaient obligés de subir le desséchement, s'ils n'ai-
maient mieux l'exécuter eux-mêmes, mais la moitié du terrain
leur restait. Ils avaient même le choix entre l'une et l'autre
moitié. Enfin ils pouvaient ou acquérir la part de l'entrepreneur
au prix fixé par lui ou le forcer à acheter leur part un cinquième
en sus du prix d'estimation de l'autre moitié. Les marais du domaine devaient être partagés aussi bien que ceux des particuliers.
On ne pouvait laisser l'entrepreneur seul juge de l'utilité ou de
l'inconvénient de dessécher tels ou tels marais, il fallait écouter
les observations de tous les intéressés. Le grand maître des eaux
et forêts, les maîtres particuliers et leurs lieutenants furent
chargés de faire, à cet égard, une enquête *de commodo et incommodo*,
de visiter tous les marais de leur ressort et d'envoyer au greffe de
la Table de marbre les procès-verbaux de leur visite et de leur
enquête (3). En pressentant les difficultés « de ce grand œuvre...,

(1) Comme son nom semble l'indiquer, il devait être d'origine anglaise
(2) Dionne, *Hist. des desséchements des lacs et marais.*
(3) Isambert, XV, 212-222.

dont néanmoins toutes les circonstances, qualités et accidents, avancements et retardements ou difficultés ne se peuvent qu'à peine reconnaître du premier coup par la nouveauté du fait », Henri IV ne s'était pas trompé. A la fin de 1606, l'entreprise n'était pas avancée. Elle rencontrait l'opposition des propriétaires et n'était soutenue que par les capitaux de l'entrepreneur. Celui-ci s'associa pourtant quelques compatriotes. La déclaration de janvier 1607 reconnut cette association, fit appel aux capitaux français, précisa et augmenta les droits des entrepreneurs envers les propriétaires, accrut leurs avantages et visa à faciliter leurs opérations (1). Un mois après, pour accélérer la solution de leurs difficultés avec les propriétaires, ce qui était toujours, avec l'insuffisance des capitaux, la pierre d'achoppement, le roi nomma dans chaque généralité une commission chargée d'en connaître (2). Vers la fin de son règne, Henri IV n'avait pas renoncé à l'espoir de mener à bien ce vaste dessein. L'ambassadeur anglais Carew nous apprend qu'il s'en occupait encore.

S'il ne lui fut pas donné de jouir des résultats de sa persévérance, l'œuvre d'utilité publique qu'il avait conçue n'en fut pas moins accomplie et l'honneur en remonte directement à lui. On n'observe même pas ici ces interruptions qui se produisent dans la plupart des œuvres de longue haleine et qui amènent à se demander si l'on est en présence d'un mouvement donné qui continue ou de plans et d'efforts nouveaux dont il faut attribuer le mérite à d'autres qu'aux initiateurs. Toute l'impulsion vint de Henri IV et de la société constituée en 1607, et cette impulsion ne s'arrêta pas. C'est donc à lui et à elle qu'il faut équitablement reporter en grande partie le mérite des desséchements accomplis même après sa mort, même par des sociétés particulières sorties de la première : la transformation des palus de Bordeaux en cultures, le curage des fossés de la ville et le redressement de ses talus qui furent exécutés, du vivant de Henri IV, par un compatriote, un élève et un auxiliaire de Bradley, Conrad Goussen ; le desséchement des marais de Chaumont en Vexin dont Bradley céda l'entreprise au duc de Longueville, engagiste du comté ; le desséchement de l'étang de la Souterraine entrepris, au lendemain de la mort de Henri IV, par le seigneur du lieu, Anne de Levis, duc de Ventadour, et achevé seule-

(1) Isambert, XV, 313-322.
(2) *Ibid.*, 313.

ment au mois d'août 1620 ; celui des marais de Sacy ; les entreprises de desséchements du lac de Sarlieves en Auvergne, des marais de Tonnay-Charente (1), de ceux du bas Languedoc, cette dernière confiée à Marc de Comans, qui succéda à Bradley, du vivant même de celui-ci, dans la direction générale ; le traité d'assèchement du marais Varnier et d'autres terres immergées aux bords de la Seine. Presque tous ces travaux soulevèrent les protestations et la résistance des populations (2) qui n'y voyaient ni l'assainissement, ni la mise en valeur du sol, mais seulement la perte de la pêche qui les faisait vivre ; presque tous furent exécutés par des ouvriers flamands et hollandais qui formèrent des colonies et des villages, dont l'origine était attestée par les noms de *Polders*, de Petite Flandre, etc.. (3).

Dans l'économie de la nature rien de plus important ni, en tout temps, de plus mal ménagé que les forêts. Ces eaux stagnantes que Henri IV avait voulu remplacer par des terres cultivées, c'est la forêt qui en empêche la multiplication. En retenant et en absorbant les eaux pluviales et souterraines, elle les empêche de devenir un fléau et les réduit à n'être qu'un bienfait. Malheureusement les forêts offrent à la cupidité de l'État et des populations limitrophes des tentations irrésistibles. *Les prédécesseurs de Henri IV avaient* abusé des déboisements, des aliénations, Henri IV lui-même s'y était laissé entraîner. Les guerres civiles avaient favorisé les usurpations des riverains, les dégâts du bétail (4), fait tomber en désuétude les règlements forestiers. Les titres et les plans domaniaux avaient été détruits. Les détenteurs en profitaient pour pratiquer des coupes abusives, les populations pour s'attribuer indûment des droits d'usage. Les agents de l'administration colludaient avec les adjudicataires des ventes ; les arpenteurs. par exemple, leur attribuaient des lots plus étendus que ne le portaient les adjudications.

Le roi commença par réduire le nombre des droits usagistes. des coupes extraordinaires et des officiers (édits de Folembray (5) et de

(1) Arrêt du Conseil, 6 mars 1610. Bibl. nat., Mss. Franç., 18177, fol. 255, vᵒ.
(2) Dans la Charente, elle alla si loin que les levées faites pour le dessèchement des marais de Tonnay-Charente furent percées par la malveillance et les parties déjà desséchées inoudées. (Arrêt précité du 6 mars 1610.)
(3) Dionne, *op. laud.*
(4) Maulde, *Condition forestière de l'Orléanais*, 91, 98.
(5) L'édit de Folembray fut l'œuvre personnelle du roi et de Montmorency. Voy. la lettre de Henri au connétable, 29 février 1596.

Rouen, février 1596 et janvier 1597). Henri III, pour battre monnaie, avait en 1575 remplacé le grand maître enquêteur et réformateur général des forêts par six grands maîtres qui, en 1586, étaient devenus alternatifs. Ces officiers exploitèrent sans scrupule des charges qu'ils avaient payées fort cher et mirent les forêts au pillage. Henri rétablit l'unité dans la direction en créant une charge de surintendant des eaux et forêts de France, et remboursa deux des maîtrises créées par son prédécesseur, celles de l'Ile-de-France et de la Normandie (1). Au mois de mai 1597, il compléta par un édit en quarante articles la réforme de l'administration forestière. Les mesures adoptées par le Conseil consistèrent à faire dresser des procès-verbaux et des plans fixant le bornage des forêts et des ventes et à assurer la conservation de ces titres aux greffes des Tables de marbre; à obliger les verdiers, gruyers, segrayers et maîtres sergents à faire les inspections réglementaires; à maintenir aux Tables de marbre et aux maîtrises particulières la connaissance des affaires forestières que les intéressés portaient devant les parlements, moins compétents et déjà surchargés; à taxer les vacations des officiers (art. 24); à établir les droits réservés au domaine dans les forêts possédées par des apanagistes, engagistes, etc. (art. 26); à assurer, dans les bois des particuliers, la conservation des baliveaux et des hautes futaies (art. 40); à rendre plus difficile la soustraction des baliveaux et des jeunes arbres (art. 31, 33); à restreindre les droits de paisson et de glandée (art. 34); à interdire la chasse aux roturiers qui s'en arrogeaient le droit sous le couvert des seigneurs au service desquels ils étaient (art. 36); à obliger les sergents louvetiers qui négligeaient de détruire les loups à adresser tous les trois mois aux maîtres particuliers et gruyers rapport des prises faites par eux (2).

Bien que l'exploitation des mines soit rangée par les économistes au nombre des industries, nous nous en occuperons ici, parce qu'il s'agit de produits tirés du sol et d'une richesse entièrement due à la nature.

Sans vouloir faire l'histoire de l'industrie minière avant Henri IV, nous dirons pourtant que Charles VI fut le premier de nos rois qui revendiqua pour la royauté le droit de copropriété et de con-

(1) Dareste, *Hist. de l'administration*, II, 21. — Maury, *Les forêts de la France*, 441-442.
(2) Isambert, XV, 141.

trôle dans l'exploitation des mines. Le droit de copropriété fut fixé au dixième du produit (1). L'édit de François 1er du 17 octobre 1520 (2) ordonna la revision des concessions, menaça de poursuites les débiteurs du droit de dixième et subordonna l'exploitation à l'autorisation royale, vérifiée par le contrôleur général des mines. Sous Henri II, l'exploitation, divisée jusque-là entre plusieurs concessionnaires, fut confiée à une société unique placée sous la direction du sire de Roberval et investie de grands privilèges (3). François II renouvela (29 juillet 1560) la commission donnée par Henri II à Claude Grippon de Saint-Julien, associé de Roberval pour la recherche et l'exploitation des mines et lui confirma, pendant quatre ans, l'abandon du dixième. Cette commission ne fut pas infructueuse. Elle amena la découverte de gisements dans le Beaujolais, l'Auvergne, le Lyonnais, le Dauphiné, la Provence, le Languedoc, le Bourbonnais, le Poitou (4), mais la guerre civile vint bientôt entraver l'exploitation. Elle n'avait pas encore éclaté quand, le 11 juillet 1561, Charles IX confirma au concessionnaire son monopole et l'allocation du dixième (5). Les propriétaires de mines ayant prétendu que ce droit ne devait être prélevé que sur les mines qui étaient déjà en exploitation, Charles IX déclara qu'il s'appliquait à toutes et que, à moins de clause expresse, la propriété des mines n'était pas passée aux acquéreurs ni aux détenteurs du domaine (6).

Henri IV fit faire une enquête sur la richesse minière et sur les meilleurs moyens de l'exploiter (7). Ces recherches révélèrent l'existence de gisements dont Palma Cayet et de Thou ont donné l'énumération d'une façon presque identique (8). On découvrit dans les Pyrénées des mines d'or, d'argent, de talc et de cuivre, dans les montagnes du pays de Foix des mines de jayet et de pierres précieuses. On recueillit dans l'Ariège des parcelles d'or. On s'aperçut

---

(1) Ordonnance du 30 mai 1413 dans le recueil de Lamé Fleury, *De la législation minérale sous l'anc. monarchie*, pièce 1.

(2) *Ibid.*, p. 22.

(3) 30 septembre 1548. Lamé Fleury, *op. laud.*, p. 28. — Dareste, *Hist. de l'administration*, II, 184.

(4) Lamé Fleury, p. 48.

(5) Fontanon, II, 1163-1164.

(6) 26 mai 1563. — *Ibid.*, III, 445. — Cf. *Thuani Historia*, II, 358. anno 1563.

(7) « .....Ouï le rapport fait en icelui nostred. conseil par ceux que nous aurions ci-devant envoyés pour faire faire recherches desd. mines et des moyens de les mettre en valeur..... » (Edit de juin 1601, art. 4. Lamé Fleury, p. 74.)

(8) *Chron. sept.* anno 1602. — *Thuani Historia*, VI, 156. anno 1603.

que le sol des environs de Carcassonne renfermait des mines d'argent; qu'il y avait dans les Cévennes et le Gévaudan des mines de plomb et d'étain; qu'on trouvait du fer en Auvergne. L'or et l'argent abondaient près du village de Saint-Martin en Lyonnais. La Normandie pouvait fournir de l'argent et de l'étain de très bonne qualité. La même exploration amena la découverte de mines de plomb à Annonay, de marcassite, d'or et d'argent en Picardie et en Brie.

Encouragé par ces résultats, le roi rendit, en juin 1601, un édit sur les mines, qui fut surtout l'œuvre de Sully et qui confirmait les déclarations de François Ier, de Henri II, de François II et de Charles IX. Il en diffère pourtant essentiellement en ce que, tandis que les prédécesseurs du roi, peu confiants dans les bénéfices de l'exploitation, avaient abandonné aux entrepreneurs le droit régalien du dixième, Henri reprenait ce droit, mettait l'exploitation en régie, en faisait vraiment un service public. C'est là ce qui fait la nouveauté de l'édit. J.-A. de Thou et l'ambassadeur d'Angleterre, H. Neville, lui ont attribué une porté ecxagérée en laissant entendre qu'il enlevait aux propriétaires l'exploitation de leurs mines (1). Les articles 17-22 reconnaissent expressément, au contraire, le droit des propriétaires d'exploiter eux-mêmes, ils les obligent seulement à le faire sous la surveillance du contrôleur général des mines, dans les conditions fixées par le grand maître, et à faire apposer une marque sur les produits. Les mines énumérées par l'article 2 ne sont pas, comme l'insinue de Thou, celles dont l'édit laisse, par exception, l'exploitation aux propriétaires, mais celles sur lesquelles le roi renonçait à son droit du dixième. On peut seulement conclure de l'article 21, en le rapprochant d'un arrêt du conseil du 14 mai 1604 dont nous parlerons plus tard, que l'État

---

(1) Ut ne singulares toto regno domini eruendis illis sibi injuriam fieri conquerantur, aut inde damnum sentiant, eis prospectum, cautumque ut sulfuris, nitri, ferri, chalybis, chalcanthi, carbonis cespitarii, lapidis cœrulei, qui pro tegulis est, gypsi, cretæ, lapidis cæmentarii et molaris fodinæ penes eos sint, nec a proprietariis illorum possessio avocari possit. (*Thuani Historia*, VI, 156 anno 1603.) I understand there are lately discovered in Poictou and Auvergne certaine mines of silver, which they hope here will prove very beneficial. The King hereupon is about a reglement generally for all the mines in France, determining to take them all into his own hands, and to content the proprietors with a certayne portion, proportionable to the profit that shall arise, and so to manage all by his own officers, a matter which is like to be very offensive. The edict I have seen as ys drawn but yt is not yet passed the Parlament. Mr. de Rosny affects the matter much, and, if it proceed, is like to be great master or superintendant of all the mines in France. (H. Neville à Cecill, 20 août 1599 (a. s.). *Sir Ralph Winwood's Mémorials of affairs of state.* London, 1725. I, 93.)

a qualité pour se substituer dans l'exploitation, au bout d'un certain temps, au propriétaire négligent.

Le haut personnel créé par l'édit se composait d'un grand maître surintendant, d'un général réformateur en titre d'office, d'un lieutenant général conseiller du roi, d'un contrôleur général en titre d'office, d'un receveur général et d'un greffier. Tous ces officiers touchaient des gages fixes et des vacations. L'ambassadeur Neville (1) dit que Sully, par l'intérêt passionné qu'il portait à l'industrie minière, semblait désigné pour la charge de grand maître surintendant. Ce fut pourtant à Roger de Saint-Lary, duc de Bellegarde, qu'elle fut donnée. Celle de lieutenant général échut à Martin Ruzé, sieur de Beaulieu, secrétaire d'État. Pierre Beringhen, premier chambellan, fut nommé contrôleur (2). Le Parlement n'enregistra l'édit qu'à la suite de lettres de jussion répétées (3). Un arrêt du conseil du 14 mai 1604 le confirma et le compléta en fortifiant le contrôle de l'État et en s'occupant du sort des ouvriers. Le trentième du produit net fut consacré à leur assurer les secours spirituels et matériels, dont ils étaient souvent privés par l'isolement des mines en pleine campagne; des aumôniers et des médecins furent attachés à l'exploitation. Si, dans le mois de la concession, l'exploitation n'était pas commencée, le grand maître pouvait transférer la concession à d'autres. La suspension du travail exposait aussi les concessionnaires à la déchéance. Ils devaient faire connaître les noms de leurs associés, qui ne pouvaient céder leurs parts sans en aviser le grand maître et le lieutenant. Ils étaient tenus de nommer, pour diriger l'exploitation, un gérant qui était responsable envers l'État. Ils ne pouvaient abandonner l'exploitation sans prévenir le grand maître ou le lieutenant particulier.

L'arrêt renouvela l'obligation de faire apposer sur tous les produits la marque du premier. Il établit, au profit des ouvriers et des fournisseurs, un privilège sur les autres créanciers. Ce privilège primait même le droit du roi. Il créa un fondeur, essayeur et affineur général; précédemment le fondeur était un agent des compagnies et les droits du roi étaient sacrifiés. Comme l'avait fait déjà l'édit d'octobre 1552, il désintéressait les seigneurs haut-justiciers et fonciers en leur accordant une part d'entrepreneur et attirait les étrangers experts en les affranchissant du droit d'aubaine (4).

(1) *Ubi supra.* — (2) *Thuani Historia, loc. cit.* — (3) *Lettres miss.*, VI, 671. —
4) Lamé Fleury, p. 87.

Cette législation, qui conciliait le droit de propriété et l'intérêt public, était bien conçue et elle aurait développé la production minière, si les mines avaient été plus abondantes en France, si le rendement avait mieux récompensé les efforts et les dépenses des entrepreneurs, si les ouvriers n'avaient pas été rebutés par un travail pénible. Mais les richesses de notre sous-sol n'étaient pas plus considérables alors qu'aujourd'hui (1). L'ambassadeur vénitien Vendramin constate en 1600 que la France, qui abonde en richesses naturelles de toutes sortes, manque de mines (2). Ce n'est pas que les gisements ne fussent assez abondants, mais ils n'étaient pas assez productifs, même pour couvrir les frais. J.-A. de Thou déclare que les entrepreneurs ne pouvaient s'en tirer qu'en condamnant les ouvriers à un régime excessivement frugal. Les ouvriers français, habitués à une vie douce et aisée, ne purent se faire à ce régime, non plus qu'aux fatigues et au péril d'un pareil travail. On fit venir des Allemands, mais ils s'en dégoûtèrent aussi dès qu'ils connurent l'existence plus large et plus facile que leur offrait notre pays (3).

Nous venons de montrer ce que fit ou tenta de faire Henri IV pour l'agriculture. Il fut secondé non seulement par Sully, mais par le premier en date de nos agronomes, par un homme dont l'influence a contribué et au succès de certaines cultures particulières et à la propagation du goût et de la science de l'agriculture en général.

Olivier de Serres appartenait à une famille protestante originaire d'Orange, où elle possédait la *Tour des Serres*. Né à Villeneuve-de-Berg, il était le frère aîné de Jean de Serres, pasteur et auteur de l'*Inventaire de l'histoire de France*, c'est-à-dire de l'un des meilleurs ouvrages historiques de ce temps. Il nous apprend lui-même (4) qu'il passa le temps des guerres civiles à cultiver ses terres, à se livrer à des expériences agricoles, à étudier les livres d'agriculture. Ce qu'il ne nous dit pas, c'est qu'avant de se consacrer exclusivement à faire valoir, il avait pris une part active, quoique courte et limitée, aux guerres religieuses. Ce fut à lui que les protestants durent de reprendre Villeneuve-de-Berg, qui avait été occupée par les catholiques.

(1) E. Reclus, *France*, 861.— (2) Alberi, I, *série* iv, 459.— (3) *Thuani Historia* VI, 156, *anno* 1603. — (4) Voy. sur lui, outre le travail de Gasparin, *Journal d'agric. prat.* 2ᵉ *série*, tome III, et l'éloge de François de Neufchâteau, le livre de M. Vaschalde, 1886, 8. — (5) Préface du *Théâtre d'agric.*

Comme agriculteur, il se distingua surtout par l'irrigation du Pradel, domaine situé en Vivarais qu'il tenait de sa femme, Marguerite d'Arcons, et par l'extension de la culture du mûrier. Mais tout ce qu'il fit, soit par ses essais soit par ses écrits, pour la propagation du mûrier, nous le rattacherons à l'industrie des soieries et nous en parlerons plus tard. Nous ne nous occuperons pas non plus ici du traité qu'il a intitulé : *La seconde richesse du mûrier blanc* (1603), parce qu'il a pour objet l'application industrielle de l'écorce du mûrier et qu'il est, par conséquent, étranger à l'agriculture. C'est aux connaissances agricoles dont il fit preuve dans son grand ouvrage, aux préceptes qu'il y traça, à l'influence exercée par cet ouvrage que nous devons nous attacher.

Ce qui rend le *Théâtre d'agriculture* très supérieur aux traités qui l'avaient précédé, c'est qu'au lieu d'être un recueil de recettes en partie fantaisistes, il est le fruit à la fois de l'étude des agronomes anciens et modernes et de l'expérience. Il est divisé en huit *lieux* ou livres. Dans le premier, l'auteur indique les considérations qui doivent guider pour le choix d'un terrain, la distribution de la maison, l'administration du « ménage ». Le second s'occupe de la culture des céréales et des légumes. Le troisième traite de la vigne, du vin et des autres boissons, le quatrième des pâturages et du bétail, le cinquième de la volaille, de l'élève des vers à soie, de l'emploi de l'écorce du murier, le sixième des jardins et vergers, le septième de l'eau et du bois, le huitième de l'emploi de tout ce que fournit le domaine rustique pour l'alimentation, l'habillement, le mobilier, la lumière, le traitement des maladies des hommes et des animaux. On voit que l'ouvrage est un traité d'économie domestique autant que d'agriculture. C'est, il faut le répéter, une œuvre originale en même temps que fondée sur la tradition.

M. de Gasparin y signale particulièrement, parmi les choses nouvelles, le conseil de commencer les travaux de la jachère immédiatement après la moisson, celui d'ameublir le sol par le brûlement *des chaumes, celui d'ouvrir les travaux par un labour léger.* C'est dans Olivier de Serres qu'on trouve la description la plus méthodique et la plus exacte de la jachère. C'est lui qui a le premier fait ressortir la nécessité périodique des défoncements profonds, c'est à lui qu'on doit la distinction capitale des plantes épuisantes et de celles qui ne le sont pas, véritable fondement d'une bonne théorie des assolements. Il s'est fait le patron et l'avocat de cultures peu répandues de son temps : le maïs, le houblon, la betterave récemment importée d'Italie et dont il signale le « jus... semblable à syrop au sucre » sans se douter du parti que notre siècle devait tirer de cette propriété, la garance, le sainfoin, l'esparcette peu cultivée en dehors des environs de Die, le riz qu'on récoltait en petite quantité dans notre pays et que nous recevions du Piémont et des Indes (1). Il recommande le soufrage de la vigne (2). Il pressent les nuages artificiels (3).

Le succès du *Théâtre d'agriculture* fut considérable. Publié en 1600 il eut, jusqu'en 1675, dix-neuf éditions. Ce succès et l'autorité qu'il consacrait survécurent à l'ancien régime. En 1804, à une époque qui présentait avec celle où il avait fait son apparition plus d'une analogie, le gouvernement consulaire, estimant qu'il pouvait ranimer et propager le goût de l'agriculture, le faisait réimprimer à l'Imprimerie nationale avec les commentaires des plus savants agronomes du temps. Les nombreux lecteurs qu'il trouva au XVIIᵉ siècle et dont le plus éminent fut Henri IV lui-même qui, trois ou quatre mois durant, se le faisait lire pendant une demi-heure après son dîner, ses cinq réimpressions de 1600 à 1610 donnent le droit d'affirmer qu'il exerça sur l'agriculture une sérieuse influence. Mais il faut s'en tenir à cette vérité générale ; il serait téméraire de lui attribuer directement l'adoption de cultures et de méthodes nouvelles. Il faut se rappeler combien, surtout en agriculture, les innovations sont lentes à prévaloir, et l'histoire doit résister à la tentation de donner une origine et une date précises à des découvertes, à des progrès dont la théorie et l'exemple ont souvent précédé de bien loin le triomphe.

C'est cette réalité, qui ne se trouve ni dans les textes de lois (4), ni dans des ouvrages le plus souvent en avance sur leur temps, qu'il faut maintenant essayer de saisir et, pour le faire, pour caractériser l'état social et économique, l'esprit et les mœurs des classes rurales, pour déterminer les méthodes et les pratiques suivies par

----

(1) P. 147.
(2) Lieu, III, chap. v.
(3) P. 259-260.
(4) Il faut avoir toujours présent à l'esprit cet adage du XVIᵉ siècle d'une mélancolie résignée : Le laboureur n'a rien à soy et si avons nous prou de lois.

l'agriculture, nous nous placerons, autant que possible, dans cette période qui, tout en se ressentant de l'anarchie qui l'avait précédée, a donné à l'activité du pays la sécurité dont elle a besoin.

II

La France était alors par excellence, bien plus encore qu'aujourd'hui, un pays agricole. La pacification du pays avait fait refluer vers les campagnes la population rurale qui, pour sauvegarder ses biens et sa vie, s'était agglomérée dans les villes. La terre, laissée en friche ou cultivée d'une façon irrégulière, réservait aux bras qui lui étaient rendus une fécondité nouvelle. Malheureusement elle ne pouvait guère compter que sur des bras. Comme l'industrie, comme le commerce, l'agriculture souffrait de la préférence du capital pour les placements mobiliers : charges, *partis*, rentes constituées (1). Le caractère occulte des hypothèques et l'espèce d'indivision qui grevait la propriété effrayait d'ailleurs le crédit (2). On ne trouvait à emprunter sur *biens-fonds* qu'à force de cautions et à un taux usuraire (3). On n'apprend aujourd'hui plus rien à personne en disant que la propriété était très divisée (4).

Les grands propriétaires appartenaient à la noblesse et au clergé. La première, remplie de cadets exclus ou à peu près de la succession paternelle, était en majorité peu aisée. La pauvreté des gentilshommes de Beauce était proverbiale. « Gentilhomme de Beausse, il est au lit pendant qu'on raccommode ses chausses (5). »

(1) Voy. notamment Coquille, *Dialogue sur les causes des misères de la France*, p. 233.

(2) Dareste, *Hist. des classes agric.*, 301.

(3) *Remontrances en forme d'édit*, art. XVII.

(4) Pour la Provence voy. De Ribbe, *Les familles et la société en France.* Pour la Bretagne voy. Du Chatelier et Dupuy, *Hist. de la réunion de la Bretagne*, II, 319. Voy. cependant en sens inverse Carew : « The disorder consisted in the unequal distribution of the soil... », 463.

(5) Le Roux de Lincy, *Proverbes franç.* — « En mémoire de quoy, encores de présent, les gentilshommes de Beauce desjeunent de baisler et s'en trouvent fort bien et n'en crachent que mieulx. » Rabelais, *Gargantua*, I, XVI. — « Et desjeuner tous les matins — Comme les escuiers de Beauce. » Coquillart, *Monologue des perruques*.

Leur régime était à l'avenant de leur garde-robe, et c'était un
dicton qu'ils déjeunaient de l'air du temps (1). Ceux de Bretagne
n'étaient pas moins misérables (2). Beaucoup de revenus seigneuriaux, qui autrefois étaient payés en nature, ayant été convertis
en argent, avaient subi la dépréciation qui, depuis l'augmentation
de la circulation monétaire, avait avili les espèces. La plupart des
nobles passaient les trois quarts de l'année dans leurs terres, vivant des produits de leur cru, se complaisant dans la jouissance de
leurs droits honorifiques et utiles, économisant de quoi aller faire,
le reste de l'année, figure à la cour (3). Mais, à côté de cette majorité qui ne résidait qu'à regret, il y avait nombre de gentilshommes
qui, ainsi que nous l'avons dit, avaient traversé les guerres civiles
sans abandonner la culture de leurs domaines. Le type accompli
de ces gentilshommes campagnards, c'est Olivier de Serres : « Mon
inclination et l'estat de mes affaires, nous apprend-il lui-même,
m'ont retenu aux champs, en ma maison et faict passer une bonne
partie de mes meilleurs ans, durant les guerres civiles de ce
royaume, cultivant ma terre par mes serviteurs, comme le temps
l'a peu porter » (4). Le genre de vie adopté par Olivier de Serres et
par d'autres propriétaires de la même classe était encouragé par le
roi, par Sully, par l'opinion. Le premier renvoyait à leurs champs
les gentilshommes qui venaient dépenser leurs revenus à sa cour
en un luxe inutile d'équipages et d'habits, portant sur leurs épaules,
suivant sa pittoresque expression, leurs moulins et leurs bois de

(1) Voyez note ci-dessus.
(2) Du Châtelier, *L'agriculture et les classes agricoles en Bretagne.*
(3) ... in Francia, dove non sogliono essere le città popolate, usando tutta la
nobiltà, quando non stà in corte, che sono li tre quarti dell' anno, abitar la
campagna... Badoer I, 85... restando la nobiltà, che tutta possiede feudi, sparsa
per la campagna nelli suoi castelli e giurisdizioni, ove abitando li tre quarti
dell' anno, procura di avanzare quello che spende nell' altro quarto alla corte.
Gussoni et Nani, I, 454. Duodo (1598). Alberi, *Append.*, 81.102. « Ça esté de tout
temps l'honneur de la noblesse française que d'habiter aux champs, n'allans aux
villes que pour faire service au roi et pourvoir à leurs affaires pressées, ayants
en tant de recommandation la liberté, qu'il n'y a gentilhomme qui ne se con-
forme à l'air de César qui estoit d'aimer mieux estre le premier au village que
le second à Rome. » *Théâtre d'agric.*, II, 774. « ... essendo la maggior parte
della nobiltà povera, per le primogeniture... » Badoer, 87. Des documents qui
nous montrent la noblesse résidant, une grande partie de l'année, sur ses terres,
il faut rapprocher la remarque de Carew que, pour pourvoir aux dépenses
qu'elle faisait à la cour, la noblesse affermait ses terres (437). La désertion des
campagnes par les grands propriétaires avait donc déjà commencé.
(4) *Théâtre d'agric.*, Préface.

haute futaie (1). Une veine d'idylle, de prud'homie et de moralité, de Pibrac à d'Urfé, circule dans la littérature de ces temps troublés.

Le clergé était encore le plus grand propriétaire foncier du royaume. Mais précisément à cause de sa richesse et sous prétexte de l'intérêt religieux engagé dans la guerre, nos rois l'avaient largement saigné, lui avaient souvent imposé des décimes et des dons gratuits, avaient gagé sur ses biens, déjà assignés au paiement des rentes de l'hôtel de ville de Paris, des emprunts s'élevant à 300 ou 400,000 écus (2). Les biens affectés au culte, ceux qui composaient les menses épiscopales, capitulaires, abbatiales, conventuelles avaient souffert des spoliations commises par les protestants et même par les catholiques, ainsi que de la gestion de mandataires insouciants ou avides (3). Grâce à la mainmorte, grâce à des règles et à des traditions d'administration excellentes, c'était encore pourtant dans le clergé qu'on trouvait les plus grandes propriétés et l'administration la mieux entendue.

Autour de ces grands propriétaires et dans des liens étroits avec eux se groupait une population de tenanciers et de mercenaires. Le régime foncier qui unissait les premiers et la seconde était une sorte d'indivision, de copropriété, où l'on distingue d'une part l'ancienne directe, de l'autre des obligations et des droits contractuels. C'est par suite de la directe, c'est à titre d'ancien mainmortable que le vilain était soumis au chef cens, aux corvées, à la justice ; c'est en qualité de fermier et de colon partiaire qu'il devait la rente ou la quotité du produit stipulée par le contrat.

Le servage subsistait encore dans certaines provinces, en Bourbonnais, en Nivernais, par exemple, mais, miné depuis de longs siècles par les faits et les idées, dans l'ordre des faits par l'extension continue des défrichements et le besoin croissant de bras, dans l'ordre des idées par la conviction de la supériorité du travail

(1) Hardouin de Péréfixe, éd. 1749, p. 271-272.
(2) Relation de Duodo, 111-112.
(3) As for the clergymann... they live not so wealthiley at this day as their predecessors have done. Carew, p. 439. «... essendo la nobiltà rovinata per le guerre passate ed il clero medesimamente per l'istessa causa, cominciando questo da poco in qua a ristorarsi... Badoer 85. Les édits de capitulation de Troyes, de Sens, de Laon, de Château-Thierry, déchargèrent les ecclésiastiques des décimes arriérés. P. Cayet, 578-579, 581, 584. Voy. aussi les nombreux arrêts accordant des remises de décimes.

libre sur le travail servile, il n'était plus qu'une exception. La situation économique du petit cultivateur n'était pas moins avantageuse
que son statut personnel. Débiteur de cens et de rentes en argent,
producteur agricole, c'était lui qui profitait de l'abaissement de la
valeur monétaire et de l'élévation du prix des denrées. Enfin il
était, ainsi qu'on va le voir, protégé contre l'éviction par des baux
de longue durée.

Le fermage et le métayage ne doivent pourtant pas être rangés
dans cette catégorie, car ils ne dépassaient pas neuf ans, c'est-à-
dire la période au delà de laquelle les baux devenaient emphytéotiques et étaient considérés par les jurisconsultes comme entraî-
nant translation du domaine utile et perception des lods et
ventes (1). Le preneur pouvait, en donnant caution, ne payer le fermage qu'à la fin de l'année ; à défaut de caution, il payait par
quartier (2). Olivier de Serres (3) conseille de passer le bail par
devant notaires. D'après le droit canon, l'Église ne pouvait s'en
dispenser, pas plus qu'elle ne pouvait louer ses terres pour plus de
trois ans (4).

Le métayage était plus répandu que le fermage, surtout dans le
Midi, et il devait conserver cette préférence jusqu'à la fin de l'ancien régime. Dans certaines provinces pourtant il faisait place au
fermage. C'est ce qui arriva dans l'une des plus riches du royaume,
la Normandie. La terre y augmentait beaucoup de valeur, les cultivateurs y avaient acquis une aisance qui leur permettait d'en
offrir un prix plus élevé et de supporter les avances de sa mise en
valeur ; les propriétaires purent dès lors substituer au loyer en
nature un loyer en argent, en même temps qu'ils mettaient à la
charge des preneurs les frais de certains amendements (5).

(1) «... Nous tenons l'opinion des vieils interpretes que tout bail qui se fait à
plus de neuf ans, transfere la seigneurie utile... » Loyseau, *De la distinction des
rentes*, liv. I, chap. v, § 8. Voy. les baux de la ferme de Villeroy de 1510 à 1609
dans l'*Append. des Etudes hist. sur l'administration de l'agriculture en France.*
par Mauguin.
(2) Pierre de Loulle, *Le Digeste du droit et pratique de France*, 1619, liv. X,
tit. v.
(3) I, 33.
(4) « Le louage des immeubles ne se peut faire que pour neuf ans des biens
séculiers et trois des ecclésiastiques. » P. de Loulle, *Op. laud.* C'était neuf ans
que les baux de biens ecclésiastiques ne devaient pas dépasser, d'après l'ordonnance de Blois (1579). Isambert xiv-401.
(5) Beaurepaire, *Notes et documents concernant l'état des campagnes de la
Haute-Normandie dans les derniers temps du moyen âge*, p. 31-32.

Le *bail à complant* était adopté pour les vignes dans le Poitou, l'Anjou, le Maine, la Saintonge, l'Aunis, le Nivernais et le Dauphiné (1). Par ce contrat le preneur s'engageait à mettre ou à entretenir un vignoble en valeur et à fournir au bailleur une certaine quantité de fruits; souvent le premier devenait, au bout de cinq ou de sept ans, propriétaire de la moitié. S'il entretenait avec négligence, il pouvait être évincé. Dans certaines parties de cette région, la propriété était transférée au preneur, dans d'autres elle restait au bailleur, ailleurs la question était controversée. Ce qui est plus important pour nous que ces distinctions juridiques, c'est le stimulant que le *bail à complant* ne pouvait manquer de provoquer chez le preneur.

Le *bordelage* était la tenure propre au Nivernais. « Plus des trois parts des héritages, nous apprend son jurisconsulte Coquille, tant es villes qu'aux champs, sont tenus en bourdelage (2). » La rente due par le preneur était payable en argent pour les prés, les bois et les vignes, en blé pour les terres labourables, en *plume*, c'est-à-dire en volaille, pour le bétail (3). Autant le *bail à complant* était favorable au progrès de l'agriculture, autant le *bordelage* lui était contraire. Le *bordelier* ne pouvait sous-arrenter et était tenu de faire des améliorations sans avoir l'espoir d'en profiter (4).

Le *domaine congéable*, appelé aussi *bail à convenant* et *quevaize*, était particulier à la Bretagne. Il sauvegardait mieux les intérêts du fermier et par cela même ceux de l'agriculture, car, en lui imposant la résidence, en lui interdisant de vendre, de démembrer et d'hypothéquer la tenure, il lui accordait, en cas d'éviction, le remboursement de ses impenses et de ses travaux (5).

C'est encore le principe de la longue durée ou de la perpétuité qui distingue l'emphytéose, qu'on trouve un peu partout (6), l'*al-*

---

(1) Loyseau, *De la distinction des rentes*, liv. I, chap. v, § 9. Garsonnet, *Hist. des locations perpétuelles*.

(2) *Mémoire de ce qui est à faire pour le bien du pays de Nivernais* dans les Œuvres de Coquille, 1, 271.

(3) Loyseau, *Op. laud.*, § 9.

(4) Garsonnet, *Hist. des locations perpétuelles...* Pépin Le Halleur, *Hist. de l'emphytéose*, p. 257-258.

(5) *Coutume de Bretagne* dans Bourdot de Richebourg, VII, 412. Garsonnet *Op. land.*

(6) Comme exemple d'emphytéose, citons le bail perpétuel (pour quatre-vingts ans) de quatre cents arpents en friche sis dans la paroisse de Betz en Touraine. Il est passé par le chapitre de Saint-Martin de Tours moyennant 4 den. t., 101 boisseaux de seigle mesure de Loches de rente foncière spéciale et indivisible

bergement du Bugey et du Dauphiné, la *locatairerie perpétuelle* du Languedoc, la main-ferme du nord de la France, le bail colonger de la région rhénane. Dans un petit pays de la Picardie, le Santerre, ce principe était poussé si loin que la résistance du fermier à l'expulsion légale était, sous le nom de *droit de marché* et de *mauvais gré*, entrée dans les mœurs (1). Cette rapide revue des conditions dans lesquelles était exploitée la propriété rurale ne justifie-t-elle pas la conclusion suivante d'un ouvrage sur la matière : « La location perpétuelle et le bail à longue durée étaient, écrit M. Garsonnet, le droit commun de la propriété en France avant 1789 (2). »

Plus stable, plus permanente encore était la condition des paysans qui faisaient partie des rares communautés agricoles encore existantes. A l'origine elles avaient été pour les tenanciers un moyen de se soustraire à la mainmorte, car leurs membres héritaient les uns des autres. Le travail, les bénéfices, les pertes y étaient partagés : l'un labourait ou touchait les bœufs, l'autre conduisait le bétail au pâturage. Les affaires communes étaient gérées par le *maître de la communauté ;* celui-ci était inscrit pour elle sur le rôle des tailles et avait qualité pour la représenter et l'engager, au moins en matière mobilière (3).

Si l'on ne tenait compte que de la sécurité dont elle jouissait sous l'empire de pareils contrats et du cours ascensionnel que la révolution économique imprimait à ses bénéfices, la classe des moyens et des petits cultivateurs n'aurait pas eu à se plaindre ; mais il faut aussi avoir égard à la façon dont sa situation était affectée par les institutions publiques et par les mœurs.

La lutte séculaire entreprise par la royauté pour rentrer en possession des attributions de la souveraineté qu'elle avait concédées ou laissé prendre, était fort avancée mais non terminée. Cette souveraineté restait démembrée. La population rurale inférieure

par arpent. Les preneurs doivent payer la dîme à l'onzieme, selon la coutume de tous fruits décimables. Ils s'obligent à faire les bâtiments, réparations, améliorations, plants de vigne déterminés par devis et à payer un fermage de 24 boissseaux d'avoine. Ils auront les *gaspeaux* et le tiers des pailles et logeront les bailleurs quand ils viendront pour leurs affaires. 9 juillet 1568. *Arch. nat.* KK. 943.

(1) Lefort, *La condition de la propriété dans le nord de la France*, et Garsonnet, *Hist. des local. perpét.* p. 273-274. — Cf. *La Réf sociale*, t XXIV, p. 911.

(2) *Op. laud.*, p. 388.

(3) Loysel, *Inst. cout.*, n° 92. Dareste 81. Guibert, *La famille limousine*, p. 52.

était victime de ce dualisme. Elle avait deux maîtres : le roi et le seigneur. Elle acquittait deux fois les charges et les prestations qui sont le prix de la protection et des avantages que toute société est censée procurer à ses membres. Elle était justiciable du roi, mais elle relevait aussi de la juridiction du seigneur; quand elle avait payé la taille au roi, elle avait encore à payer la taille seigneuriale; la corvée seigneuriale ne la dispensait pas de la corvée royale. Ne parlons ici que de la justice. En même temps que les juridictions royales, bailliages, sénéchaussées, présidiaux, avaient attiré à elles, par l'extension des cas royaux et par prévention, la majorité des affaires, les juridictions seigneuriales s'étaient multipliées à l'infini. Chaque village, chaque hameau, chaque château même avait la sienne. Il faut qu'elles vivent, ces justices champêtres, il faut qu'elles fassent vivre leurs basoches faméliques, ces procureurs, ces greffiers, ces notaires, ces avocats, ces sergents, auxquels notre littérature, depuis les « chicanous du sire de Basché (1) » jusqu'à Bridoison, a fait la place qui leur est due, il faut qu'elles fassent entrer dans la caisse du seigneur appauvri des amendes, des confiscations. Tout ce monde-là, à commencer par le juge botté, éperonné (2) et en tenue de chasse qui y préside, est ignorant et servile pour le seigneur autant qu'il est avide. Ses *mangeries* faisaient de larges brèches dans l'épargne des paysans (3). Il manquait donc à ceux-ci le bienfait d'une justice indépendante, éclairée et peu coûteuse, en même temps que rapprochée.

Des agents si zélés, si intéressés respectaient-ils toujours les principes tutélaires qui n'admettaient la légitimité des tailles, des corvées, des banalités seigneuriales, que lorsqu'elles s'appuyaient sur un titre ou au moins sur la prescription (4)? Ne cherchaient-ils pas à perpétuer les usurpations et les abus que leurs maîtres avaient commis à la faveur des guerres civiles et dont ils prétendaient bien faire des droits? Par exemple, nous avons vu que le droit de chasse était suspendu sur les terres ensemencées depuis le 1er mars jusqu'après les vendanges. Nous ajouterons que les

(1) Rabelais, *Pantagruel* IV, xii-xvi.
(2) Le seneschal de Rennes... tenoit ses plaids botté et esperonné, la perche joignant sa chaire pour y attacher son épervier... Noël Du Fail, II, 170.
(3) Loyseau, *Abus des justices de village*. Œuvres 1678 in. fol.
(4) Boucher d'Argis, *Code rural*. D'après la presque unanimité des auteurs, le droit aux corvées ne s'acquiert que par titre, la possession sans titre ne suffit pas. Guyot, *Traité des fiefs*, p. 262.

seigneurs ne pouvaient tenir garenne ouverte ou jurée (1) qu'en vertu d'une autorisation spéciale du roi, et qu'à défaut de cette autorisation les voisins pouvaient exiger la destruction des lapins (2). Qui oserait affirmer pourtant que la fureur de la chasse, qui possédait la noblesse et qui s'était exercée sans frein pendant les troubles, s'arrêtât toujours devant ces barrières?

Quelle influence les conditions légales, économiques, fiscales que nous venons d'indiquer avaient-elles sur les mœurs et l'esprit des classes rurales, envisagées dans leur ensemble, grands propriétaires fonciers, usufruitiers à long terme, simples manouvriers?

Un des conteurs les plus exquis du xvie siècle, celui qui a le mieux rendu la couleur des mœurs de la société rustique de cette époque, Noël du Fail, a opposé les gentilshommes contemporains de François Ier, ses compagnons d'armes de Pavie, maniant la lance de onze pieds et demi, vivant sobrement, aux contemporains grêles et anémiés de Henri III, assouplis à tous les raffinements du savoir-vivre, ayant la flatterie sur les lèvres et la trahison dans le cœur. La danse, le palet, la barre, la longue paume, la petite guerre, étaient les délassements de cette vigoureuse jeunesse. Les jours de fête, elle revêtait le pourpoint de satin, les chausses bouffantes de taffetas, le bonnet de velours à plume, la cape de drap ou de frise, les escarpins; les jours ordinaires elle se contentait d'un costume plus simple. La résidence seigneuriale n'avait le plus souvent en ce temps-là qu'une salle d'apparat où l'on remarquait, pour toute décoration, des cornes de cerf auxquelles étaient accrochés des chapeaux, des trompes de chasse, des laisses de chiens, puis un dressoir où était rangée toute la bibliothèque qui suffisait aux besoins intellectuels des habitants du château (3), la Bible de Nicole Oresme, la *Légende dorée*, le *Calendrier des bergers* de Jean de Brie, *les Quatre fils Aymon, Ogier le Danois, Mélusine*, le *Roman de la Rose*, enfin des râteliers pour les arcs, les arbalètes, les arquebuses, les rondelles, les épées. Les chiens y allongeaient sur la paille souvent renouvelée leurs membres harassés par la chasse. Deux

(1) Par opposition à la garenne close de murs.

(2) Coutume du bailliage de Meaux (1509), chap. xxviii, Boucher d'Argis *Code rural*. La Roche Flavin. *Des droits seigneuriaux et matières féod.* à la suite d'*Arrêts not. du parlement de Toulouse*, 1620.

(3) « ... Comme notre noblesse, quelques-uns réservés, est ignorante des bonnes lettres... » Noël du Fail, *Contes d'Eutrapel*, I, 247.

chambres étaient réservées aux étrangers. Le châtelain était sûr de
trouver à cent lieues à la ronde l'hospitalité qu'il offrait lui-
même (1).

Ce n'est pas au fond des provinces, ce n'est pas au sein de la
noblesse qui vivait sur ses terres que la décadence amenée dans les
mœurs par les guerres civiles et l'influence corruptrice des Valois
avait pu se faire sentir, et la simplicité dont Noël du Fail, avec
l'exagération naturelle au moraliste et au conteur, fait un mérite
aux contemporains de François Ier, se retrouvait, à peu de chose
près, parmi les contemporains de Henri IV qui étaient restés fidèles
au manoir patrimonial.

A part quelques grands seigneurs, tels que Lesdiguières et
Epernon, qui jouissaient dans leurs gouvernements d'une quasi-
souveraineté et s'entouraient d'un luxe princier, la grande majorité
des gentilshommes et des bénéficiers qui résidaient constamment
ou une partie de l'année dans leurs terres, y menaient un train fort
modeste. D'abord, nous l'avons dit, beaucoup parmi les premiers
étaient pauvres et ceux qui avaient 500 livres de rente se trouvaient riches (2). Le petit nombre de ceux dont le revenu était plus
élevé réservaient les prodigalités pour leurs séjours à la ville ou à
la cour. Tous ne possédaient pas une habitation aussi vaste et aussi
bien entendue, des communs aussi complets que ceux dont Olivier
de Serres a tracé le plan et la distribution pour son *ménager*
modèle. Bâti sur un rocher ou entouré de douves larges et pro-
fondes, flanqué de tours rondes ou carrées qui inspirent le respect
et font puissamment saillir les profils, ce château idéal est précédé
d'une basse-cour au milieu de laquelle se trouve une fontaine
jaillissante, ou tout au moins un puits ou une citerne et qui est
bordée de galeries couvertes. Sous ces galeries s'ouvrent le cellier,
le bûcher, divers magasins, l'entrée de la cave dont l'accès doit être
commode pour que les visites du châtelain ou de la châtelaine y
soient fréquentes. Au premier et au second étage se trouvaient
la cuisine et ses dépendances, c'est-à-dire le garde-manger, la
boulangerie, le fournil, la lingerie, la buanderie, la vaissel-

____

(1) *Contes et discours d'Eutrapel*, chap. xxii. Sur l'ameublement et le luxe
intérieur au xvie siècle, voy. *Les Blasons domestiques* (1539) dans le Recueil de
Montaiglon, VI.

(2) « ...Le gentilhomme ayant atteint jusqu'à cinq cent livres de revenu...
voulant trancher du grand... » *Théâtre d'agric.*, I. 22.

lerie, la laiterie, la fromagerie, puis une ou deux salles de réception, sept ou huit chambres appropriées aux diverses saisons et dont chacune était pourvue de garde-robes, de *privés*, de garde-meubles, de lingerie, de cabinets pour la conservation des titres et papiers. Sous le toit s'étendait pour les serviteurs une chambre spacieuse, d'où ils pouvaient surveiller la grande cour et les écuries. A côté étaient les greniers et les fruitiers. Une partie des combles était occupée par une terrasse et un belvédère (*mirande*); on n'y jouissait pas seulement d'une belle vue et de la promenade en plein air et à couvert, on s'en servait aussi pour faire sécher le linge et les fruits. Les granges, étables, écuries, bergeries, orientées au couchant, étaient séparées de l'habitation par une grande cour de quinze ou vingt toises. Sur l'un des côtés de cette cour s'élevait la maison du métayer ou du fermier, qui pouvait ainsi voir entrer et sortir le bétail. On remarquait aussi dans cette cour un grand hangar qui servait à la fois de remise, d'abattoir et d'atelier. Près des abris destinés au bétail étaient déposés les fumiers (1). A peu de distance de la maison s'étendait le jardin d'agrément, au centre duquel un labyrinthe égarait parfois le promeneur qui se retrouvait toujours, le verger avec ses arbres fruitiers en quinconce, les terre-pleins pour les jeux de paume et de balle, les cibles pour l'arquebuse, l'arc et l'arbalète (2), le rucher.

Toutes les résidences seigneuriales n'étaient pas pourvues des commodités et des agréments que nous venons d'énumérer. Le genre de vie de leurs propriétaires ne faisait presque aucune place à la représentation et à la vanité. Le châtelain de Mesnil-au-Vast, le sire de Gouberville, mangeait dans de la vaisselle d'étain. Olivier de Serres signale comme une dérogation à la simplicité primitive, l'habitude chez les gentilhommes possesseurs de 500 livres de rente de prendre les repas à part, dans une salle particulière, au lieu de les prendre comme jadis à la cuisine avec les serviteurs (3). Trois chevaux, six chiens courants, deux lévriers et six épagneuls, un autour ou un lanier pour la volerie, voilà tout ce qui composait, dans le dernier quart du xvi° siècle, l'équipage de chasse d'un gen-

(1) *Théâtre d'agric.*, I°ʳ lieu, chap. v.
(2) Rabelais, *Gargantua*, I, ʟᴠ. — Gouberville, p. 295. Cf. la description d'une ésidence seigneuriale donnée par l'ambassadeur vénitien Duodo dans Alberi, *Append.*, p. 81.
(3) *Théâtre d'agric.*, I, 22.

tilhomme campagnard (1). Ce même Gouberville présidait aux travaux qu'il faisait exécuter, était en état de faire lui-même tout ce qu'il commandait et greffait en personne ses arbres à fruits.

Cette compétence, cette surveillance, cette simplicité de vie, en rapprochant le propriétaire de ses tenanciers et de ses ouvriers, amenait entre eux une certaine analogie d'habitudes, une certaine familiarité. L'autorité du propriétaire n'en était pas diminuée, sa sollicitude pour ses inférieurs en était accrue. Il aplanissait leurs différends et leur évitait les procès, les faisait soigner dans leurs maladies, poursuivait leur dégrèvement, quand ils avaient été trop imposés (2), veillait à l'accomplissement de leurs devoirs religieux. Il ne se permettait les voies de fait qu'à l'égard de ceux qui étaient d'un ordre tout à fait subalterne (3). Les rapports des grands propriétaires et de ceux qui étaient placés sous leur dépendance paraissent avoir été excellents dans les trois premiers quarts du xvi⁰ siècle (4).

Les guerres civiles les altérèrent assez profondément. Bouleversés dans leurs habitudes sédentaires et laborieuses, désespérés de voir avorter sans cesse leurs efforts pour les reprendre, ruinés, errants, devenus de victimes pillards et brigands à leur tour, les paysans rapportèrent dans la vie régulière le goût du désœuvrement et de la licence (5), l'amertume contre les classes dirigeantes qu'ils enveloppaient dans une animosité trop justifiée par une partie d'entre elles. Ce changement n'a pas échappé, on l'a vu, aux ambassadeurs vénitiens, qui cependant n'eurent que des rapports passagers avec la population rurale. Il pouvait échapper encore moins à Olivier de Serres, qui vivait en contact quotidien avec elle. Olivier de Serres est sans illusion sur ceux qu'il emploie. Ce n'est pas qu'il ressente à leur égard de l'aigreur ou du dédain. Ce n'est pas un mauvais maître ; il fait, par exemple, un devoir aux propriétaires de donner des soins aux serviteurs malades, mais

---

(1) *Les plaisirs du gentilhomme champestre*, par P. N. R. [Nicolas Rapin, 1575].

(2) « Je donnai à nos serviteurs pour aller demain à confesse, parce qu'il estoit au jubilé, 5 sols. » Gouberville, p. 613.

(3) *Ibid.*

(4) *Ibid.* et de Ribbe, *Les familles et la société en France...*, p. 212, II, 2.

(5) « Pour ce qu'il fasche beaucoup à aucuns de se remettre à travailler en leur mesnage après avoir gousté la licence de la guerre et... aiment mieux voler et rober que retourner en leur première subjection » *Dialogue récréatif du marchand et du soldat*, 1576. *Var. hist. et litt.*, VI.

c'est un maître que l'expérience a rendu méfiant. Il les sait peu consciencieux et intéressés, et il prend ses précautions contre leurs défauts. Il recommande de limiter autant que possible le nombre des ouvriers à l'année, sauf à embaucher, s'il le faut, des hommes de journée, de ne pas faire attendre aux mercenaires leurs salaires, mais de ne pas leur avancer des acomptes, à moins de maladie ou d'autre cause légitime, de leur devoir toujours quelque chose, afin de les forcer à revenir, de les surveiller de près, d'affecter à leur égard une grande fermeté, de ne pas aller toutefois jusqu'à les frapper, à moins qu'il ne s'agisse de serviteurs d'un ordre infime.

Malgré la préférence d'Olivier de Serres pour les journaliers, les ouvriers qualifiés étaient loués à l'année, dans des assemblées ou *loueries*, à partir de la Saint-Jean, de la Saint-Michel, de la Saint-Martin, de la Toussaint, de Noël, de Pâques, etc., et payés partie en nature, partie en argent (1). Le patron payait au mercenaire le vin de marché. Ces contrats n'étaient pas faits par écrit, mais devant témoins (2). On en trouve un assez grand nombre dans le livre de raison d'Olivier de Serres et surtout dans celui du sire de Gouberville. Au mois de janvier 1561 (n. s.), celui-ci embauche un laboureur pour un an à raison de 8 livres et rien en dehors (3). Au mois de juillet de la même année, il loue un chevrier pour un an, moyennant 60 s. et une paire de souliers ; il lui fait espérer davantage s'il est content de lui (4). Le 23 mars 1609, Olivier de Serres engage un meunier pour 3 liv. 10 s. par mois. Le 21 septembre de la même année, il loue pour un an, à partir de la Saint-Michel, moyennant 15 livres en argent, vingt *pans* de drap, une chemise, un chapeau et la chaussure, un bouvier qui devait être en même temps une sorte de factotum. Le 2 mai 1611, il arrête un pâtre pour un an ; il lui promet dix-huit *pans* de drap, un chapeau, une chemise, des souliers et 6 livres en argent (5). Aux travailleurs salariés venaient se joindre les corvéables. Les femmes partageaient avec les hommes les plus rudes travaux : elles sciaient les blés, battaient en grange (6).

(1) *Théâtre d'agric.*, I, 38.
(2) Gouberville., *passim.*
(3) P. 634.
(4) P. 695.
(5) *Livre de raison* d'Ol. de Serres, p. p. Vaschalde, 1886. 8.
(6) Gouberville, 29, 59.

Comme tout ce qui touche à la vie rurale, les habitations des cultivateurs aisés et des simples paysans ont peu changé. C'est parmi les premiers qu'il faut ranger le propriétaire de la petite maison que Philibert Hegemon nous fait apercevoir dans son poème de *La Colombière* avec le four, l'étable, le pressoir, la grange, le colombier qui en dépendent. C'est aussi dans la demeure d'un *rustique* à son aise que nous introduit Noël du Fail. Il nous fait traverser, pour y entrer, une cour close de haies d'églantiers et d'aubépines. Au milieu de cette cour le tas de fumier et sur les côtés les bâtiments d'exploitation. A la maison est attenant un appentis où sont rangés les charrettes, les essieux, les limons, les timons. Les murs et le sol de l'habitation sont en torchis, le plafond est en charpente apparente. La couverture est en chaume (1).

Une fois entré, on était séduit en voyant briller au râtelier, dans un ordre parfait, les instruments aratoires, les outils et les harnais. La nappe était encore mise comme pour proclamer une hospitalité toujours prête. Les restes du dîner, du pain et du lard, annonçaient que cette hospitalité était aussi frugale qu'empressée. Le mobilier se composait d'un coffre renfermant les hardes, conservées dans la marjolaine et notamment le demi-ceint de la maîtresse de la maison, et au-dessus une vaisselle grossière, d'un lit contigu au foyer, où l'on ne montait pas sans peine et qui fermait par des vantaux, ce qui le faisait ressembler à un buffet, d'escabeaux et de chaises de bois, mal équarries mais bien assemblées (2).

Sans doute ce tableau a été tracé par un littérateur, c'est-à-dire par un auteur qui avait le droit d'altérer la vérité en vue de l'effet qu'il voulait produire. Il ne faudrait pas pourtant se hâter d'en attribuer certains traits à la fantaisie. Si, par exemple, l'on s'étonnait qu'un cultivateur assez riche pour posséder un cheptel aussi nombreux que le supposent les bâtiments et le matériel mentionnés par Noël Du Fail, se contentât d'une habitation de torchis et de chaume, d'un mobilier aussi sommaire, d'une vaisselle grossière, nous apprendrons à nos lecteurs que ce ne fut pas avant 1620 qu'à Paris même on commença à bâtir avec de la chaux, du sable et de la pierre dure, que toutes les maisons construites antérieurement dans la capitale étaient faites, comme s'exprime le docu-

(1) Noël du Fail, *Baliverneries*, I, chap. IV.
(2) *Ibid.*

ment administratif qui établit ce fait curieux « de boue et de crachat (1) ». Nous ferons remarquer que ce n'était pas seulement, en dépit de Malherbe, la cabane du pauvre qui était couverte de chaume, mais aussi, jusqu'à une époque assez tardive, les résidences de la bourgeoisie ; nous rappellerons la vaisselle d'étain où mangeait Gilles de Gouberville qui était pourtant un tout autre personnage que le propriétaire de la maison décrite par Noël Du Fail.

Au-dessous de l'un et de l'autre se plaçaient les véritables paysans, dont les chaumières, à en juger par ce qu'on en retrouve sous les remaniements que le temps leur a fait subir, peuvent être ramenées à trois types principaux. Le premier consiste dans une maison construite en gros blocs de granit et percée de petites ouvertures. Un rez-de-chaussée très bas sert de cellier, de resserre, de poulailler et de porcherie. Il n'y a qu'une pièce d'habitation, elle est contiguë à celle du rez-de-chaussée mais surélevée d'un ou deux mètres et accessible par un escalier. Elle est plafonnée de grosses poutres et de solives, surmontée d'un grenier et pourvue d'une cheminée. Le sol est en terre battue recouverte de sable granitique et d'argile. On ne s'étonne pas de la prédominance du granit quand on sait que ce type appartient au Morvan. Là où la nature ne fournit pas de matériaux aussi solides, là où manque l'art de les exploiter économiquement, le paysan cherche presque sous terre un asile contre les intempéries ; ce n'est plus une maison qu'il habite, c'est presque une tanière. En Auvergne, dans le Velay, dans la partie septentrionale de l'ancienne Aquitaine, ces habitations souterraines sont couvertes d'une sorte de *tumulus* en terre et en pierres, soutenu par un pilier central et des poutres rayonnantes et assez semblable aux *champignons* qui agrémentent nos jardins modernes. Ce même aspect écrasé se retrouve dans certaines chaumières de la Bretagne et du Bocage, dont le sol est inférieur au sol naturel et dont le toit de chaume descend presque jusqu'à terre. C'est un type que tout le monde connaît. On est peut-être plus familiarisé encore avec la chaumière à pans de bois hourdés en terre mêlée de paille, à couverture de chaume et de

---

(1) « Chacun sait que toutes les anciennes maisons de Paris sont la plupart basties de boue et de crachat, que l'on a commencé à batir depuis trente ans avec chaux et sable et pierre dure. » *Le véritable advis présenté au roi et à la reine régente le 27 juillet 1651*, par le Sr de Marsay.

bardeaux dont l'on rencontre des échantillons dans une partie du Perche et de la basse Normandie. Tandis que, dans toutes ces régions, le paysan se clôt et se terre, en Languedoc, en Guyenne, en Provence surtout, la maisonnette rustique s'ouvre au soleil et à la lumière, se décore d'escaliers extérieurs, de balcons, d'appentis pour travailler en plein air (1).

Pour juger les habitations rurales de la fin du xvi° siècle et du commencement du xvii°, il faut oublier les exigences que la diffusion du bien-être a répandues dans toutes les classes. Sinon la demeure du gentilhomme campagnard n'échapperait pas elle-même à la sévérité de notre délicatesse moderne, et nous plaindrions nos ancêtres d'une absence de *comfort*, dont l'idée leur était aussi étrangère que le mot et dont ils ne sentaient nullement la privation. Si humbles que fussent les demeures de nos paysans, si délabrées que la guerre les eût laissées, l'abbé de Marolles prétendait que leurs habitants étaient mieux logés que certains seigneurs de Pologne et de Suède et qu'il n'y en avait pas parmi elles qui ne témoignât de la préoccupation d'un certain bien-être (2).

L'inventaire du mobilier qui les garnissait n'est pas long à faire, et ce mobilier n'était pas très différent de celui dont Noël Du Fail nous a donné la description. On y voit toujours figurer l'armoire, qui est le meuble principal, parce qu'il renferme tout ce que le paysan a de précieux, son linge, ses papiers, ses économies; le lit garni de sa paillasse, de ses oreillers de balle d'avoine, de ses deux draps (*linceulx*) et de sa couverture de laine; la huche au pain. Plus d'une pièce de ce mobilier provenait du château ou de l'abbaye du voisinage, qui s'en était défait au profit de la chaumière, pour la remplacer par un meuble plus moderne et plus à la mode (3). La pauvreté de ce mobilier ne l'avait pas toujours sauvé : les maraudeurs, en vidant les tiroirs, avaient parfois aussi brisé ou brûlé les meubles (4).

Si le mobilier de nos paysans, plus complet et plus commode

(1) Viollet-le-Duc, *Dict. d'architecture.* V° *Maison.*
(2) Cité par Babeau, *Vie rurale*, p. 18.
(3) Babeau, *Opus laud.*, 46, n. 2. Viollet-le-Duc, *Dict. du mobilier*. V. *Armoire, Bahut.*
(4)   . . . . Les villages champestres
Sans portes et planchers, sans meubles et fenestres
(Aubigné, *Les Tragiques.*)

peut-être que celui de leurs ancêtres, lui est bien inférieur en solidité et en beauté, leur régime alimentaire est incontestablement meilleur.

> Fromage, poyre et pain
> Est repas de vilain

dit un proverbe du XVI⁰ siècle (1). Si l'on ajoute à ces aliments le lait frais ou caillé (*mathon*), le beurre, les fruits, l'oignon, la civette, l'échalote dont ils frottaient leur pain d'orge et d'avoine, la soupe et le lard, on aura tout l'ordinaire des paysans. L'eau claire était leur boisson habituelle (2). Qu'emporte dans sa besace ce faucheur en allant au travail? tout simplement du pain et des poires cuites. Il en fera son premier repas. A midi, sa femme lui apportera du fromage et du lard et lui fera bouillir une soupe, pendant qu'à l'orée du bois il goûtera un peu de fraîcheur et de repos (3). Quand, après leur journée, les vignerons rentrent à la ferme, on leur sert à souper un plat de choux pour deux, du pain à discrétion et quelquefois, à titre de douceur, un morceau de fromage. Bien souvent, il est vrai, au cours ou à la fin d'un travail fatigant, le patron ajoutait un régal à cette maigre pitance, tantôt du vin, tantôt de la bière, tantôt un oison (4).

Les veillées étaient remplies par des travaux domestiques. Le mari, le dos au feu, teillait du chanvre ou raccoutrait ses bottes. La femme filait. Le reste de la famille raccommodait les instruments de travail. A certains jours, on se réunissait entre voisins et voisines dans des *fileries* et des *braries* (5) égayées de commérages, de récits légendaires et de contes gaillards (6).

---

(1) *Proverbes franc.* p. p. Le Roux de Lincy. *A View of Fraunce*, [1598 par Dallington, secrétaire de l'ambassadeur d'Angleterre] trad. p. Emerique. p. 157.

(2) Philippe de Vitry, *Les Dicts de Franc Gontier* dans le recueil de Montaiglon et Rothschild, X. *Banquet du boys. Ibid.* Villon, *Les contredits de Franc Gontier* dans le *Grand Testament*, ed. Longnon... « les glaneurs, esquels fault de la fouace, les batteurs qui ne laissent ail, oignon ne eschalote es jardins. » Rabelais, *Pantagruel*, III, II.

(3) Gauchet. *Les plaisirs des champs*, 1583.

(4)
    Pierrot, voyant en biens foisonnante l'année,
    Pour rire, choisira quelque bonne journée
    Et à l'aoust dedie fera tuer l'oison
    Festiant ses chartiers et toute sa maison.

Ibid. Gouberville, p. 360. Châtelier, *Hist. des classes agric. en Bretagne.* Suchet, *Paysans Franc-Comtois des environs de Pontarlier au* XVIII⁰ *s.* Acad. de Besancon, 1887.

(5) Parce qu'on s'y donnait rendez-vous pour broyer du chanvre.

(6) Noël du Fail, *Propos rustiques*, 40. Sebillot. *Contes des paysans et des pêcheurs.*

Les réunions en plein air étaient fréquentes aussi. Elles étaient consacrées à la danse et à des jeux d'adresse et de force, tels que le bibelot, la courteboule, la bille, la choule ou soule (1). La danse était le délassement habituel du travail. Un poète du XVIᵉ siècle nous montre les « ousterons gaillards dansant au bout du champ » d'où ils viennent d'enlever la récolte (2). Les jeux opposaient dans des camps contraires village à village, et, dans le même village, gens mariés à célibataires, surexcitaient les rivalités et les amours-propres, et, par suite de la folle ardeur des adversaires, entraînaient des accidents, auxquels la soule donnait lieu plus que tous les autres. Ils étaient accompagnés de nombreuses libations (3). Tout était prétexte à réjouissances, les fêtes religieuses tout d'abord, mais aussi les travaux des champs, les chasses, les événements de famille. On connaît les feux de la Saint-Jean, on connaît moins peut-être les combats entre filles et garçons le jour des Saints-Innocents, les *mômeries* de l'Assomption où l'on promenait de maison en maison un objet quelconque enveloppé de linges qu'il s'agissait de deviner (4), les *dietiers* de Noël, cantiques populaires que les enfants allaient, le 25 décembre au soir, chanter de porte en porte pour recueillir quelques pièces de monnaie. Il faut réserver une place à part aux *folies*, aux *moralités*, aux mystères, qui n'étaient pas représentés seulement, on le sait, par des acteurs de profession, qu'on ne peut pas toujours ranger dans la littérature dramatique proprement dite, mais qui, composés, montés, joués

(1) La bille est peut-être la même chose que la soule.

(2) Gauchet, *Ubi supra*. Il est fâcheux que le mot *ousteron* ne nous soit pas resté, non plus que celui *d'aouteur*, dont se sert Gouberville et qui a la même origine. Dans les vers suivants on entend résonner la mesure marquée par le talon vigoureux des rustiques danseurs :

> Puis dit Gontier : Or sus à ma requête.
> Souffle, Riflart, une danse bien prise
> En attendant que la nappe soit mise
>
> . . . .
>
> Chacun fit feu de tripper et saillir,
> Chacun fit feu de frapper de la botte.
> Chacun fit feu de sa dame assaillir,
> Chacun fit feu de mener sa mignotte.

Le *Banquet des boys*, -XVᵉ s., dans le recueil de Montaiglon et Rothschild, X. Sur le goût et le talent de la danse dans les basses classes, voy. Dallington. *Op. laud.* p. 183.

(3) Noël du Fail, 1, 27. Gouberville, 72, 742, 668. 327, 330.

(4) N'aurait-on pas donné à cet objet le nom de *môme*, à cause de sa ressem-ance avec un enfant emmailloté et ne faudrait-il pas chercher là l'étymologie de *mômerie*?

par des amateurs, comme nous dirions aujourd'hui, doivent être
considérés comme l'expression la plus raffinée de l'humeur sociable
et avide de plaisir de nos ancêtres (1).

Parmi les distractions des paysans la lecture, on le devine, tenait
encore moins de place que parmi celles du châtelain. La littérature
qui alimentait l'imagination populaire, légendes, chansons, était
une littérature orale. Il arrivait pourtant, par suite d'une circonstance particulière, que certaines œuvres et même des œuvres
écrites pour les lettrés, pénétraient dans un milieu habituellement
fermé à la vie intellectuelle. Cette circonstance, c'était le plus souvent le zèle d'un maître d'école ou d'un propriétaire voisin, qui se
faisait un plaisir de réunir, les jours de fête, les villageois, pour
leur lire des livres consacrés par une éclatante popularité, comme
le *Calendrier des bergers* (2), les fables d'Esope, le *Roman de la Rose* (3),
le *Livre de Matheolus*, les *Faiz, dictes et ballades* de Mᵉ Alain Chartier,
les mystères d'Arnoul et de Simon Greban, les œuvres de Guil-
laume Crétin, les *Vigiles du roi Charles VII* de Martial d'Auvergne (4). Le succès de ces livres dans les campagnes restait d'ailleurs fort loin de celui des almanachs. L'almanach, c'était l'encyclopédie des ignorants et des simples. Plus simples et plus ignorants que tous, les paysans y trouvaient les lumières dont s'éclai-
rait leur empirisme, les prédictions qui remédiaient à leurs yeux à
l'incertitude des lois de la nature, les échappées sur l'idéal dont
leur âme rudimentaire avait besoin. Et ce n'était pas seulement les
paysans qui les prenaient pour guides, le sire de Gouberville tenait
compte pour l'époque de ses travaux des conseils de Nostradamus.
Ouvrons le plus répandu de ces almanachs au commencement du
xviiᵉ siècle, le *Grand calendrier et compost des bergers composé par le
berger de la Grand-Montagne* (5) publié pour la première fois en 1602,
et dans les éditions postérieures duquel on retrouve le *Calendrier des
bergers* de Jean de Brie (6). Nous y trouverons des notions sur la

(1) Gouberville, *pass.*
(2) Composé par Jehan de Brie en 1379.
(3) Sous la forme rajeunie que lui avait donnée Marot. G. Paris, *La littérature
française au moyen âge*, 2ᵉ éd. p. 172.
(4) Noël du Fail, *Propos rustiques*, 1, 13.
(5) Voy. aussi la *Pronostication des laboureurs*, 1541, dans le recueil de Montaiglon et Rothschild, II.
(6) La première édition sortit des presses de Pierre Garnier, libraire à Troyes,
qui ne cessa de le réimprimer dans le format in-4°. L'exemplaire que nous
avons eu sous les yeux et qui date de 1602 (in-4°), porte toutefois le nom de

connaissance des temps, des prières, un examen de conscience, des
principes d'anatomie, des conseils d'hygiène, des recettes médi-
cales, de l'astrologie.

Ce n'est pas seulement, on le sait, par la foi aux almanachs que
se manifestait le crédulité des campagnes, mais encore par les
superstitions qui les peuplaient de fées et de *faitauds*, personnages
capricieux, tour à tour malfaisants ou favorables, qui jetaient des
sorts sur les animaux et se laissaient désarmer par des présents,
personnifications des phénomenes et des forces de la nature, dont
les hommes qu'elle absorbe, intimide et séduit, n'ont jamais pu se
passer (1).

Peut-être aurions-nous dû commencer ce travail sur l'économie
rurale de la France par l'étude de l'agriculture elle-même, de ses
méthodes, de ses produits, de sa place dans la richesse nationale,
mais, nous l'avouons, les hommes, leur vie matérielle et morale
nous ont attiré tout d'abord et nous avons gardé pour la fin l'art
qui les faisait vivre. On pense bien, d'ailleurs, que, sur cette partie
de notre sujet, nous ne pouvons qu'indiquer les principales diffé-
rences qui distinguent l'époque d'Henri IV et la nôtre.

Le système de culture universellement suivi était l'assolement
triennal ou biennal. L'assolement triennal, on le sait, divise le
domaine en trois parties : la première est semée en hiver, la seconde au printemps, la troisième est seulement labourée et reste
en jachère. Des deux parties entre lesquelles le domaine se trouve
divisé par l'assolement biennal, l'une reçoit les ensemencements
d'hiver et de printemps, l'autre est laissée en guérets. Une année
sur trois ou sur deux, chaque lot est donc ensemencé ou livré au
repos (2). Ce n'est que de nos jours que l'agronomie, éclairée par la
connaissance des terrains et servie par les engrais chimiques, a su,
en faisant succéder sur le même sol les plantes à racines pivo-
tantes (luzerne, trèfle, etc.), et les plantes à racines chevelues
(blés), substituer le régime de l'alternance au régime de la ja-

Nic. Bonfons et indique Paris comme lieu d'impression. Voy. *Notice sur Jehan
de Brie* par F. Lacroix, en tête du *Bon Berger.*
(1) Voy. notamment Maury, *Les Fées au moyen âge.*
(2) Delisle, *Études sur la condition des classes agricoles,* 297-298, 304-319.
Bastiat, *Considérations sur le métayage* dans *Journal des économ.* 1846. Du Châtelier, *L'agriculture et les classes agric.,* 215-216. Roscher, *Economie politique
rurale,* trad. par Vogel, préface par L. Passy, 87-88.

chère (1). Encore faut-il ajouter que le nouveau système n'a pas triomphé partout dans notre pays et que l'ancien n'a pas perdu tous ses défenseurs (2).

Les céréales, on le voit, formaient la base de la rotation en usage au temps d'Henri IV. Elles étaient, en effet, le produit le plus important de l'agriculture française. Comme elles fournissaient l'aliment principal de la classe inférieure dans notre pays, elles furent toujours l'objet particulier de la faveur et des encouragements du pouvoir. Cette faveur avait même conduit à certaines exagérations : pour ne pas laisser diminuer, pour augmenter la production des céréales, on avait fait arracher des vignobles, on s'était livré à des défrichements excessifs. Connu en Normandie dès 1460 (3), le sarrasin avait fait, trente ans après, son apparition en Bretagne et avait été pour la population nécessiteuse de cette province une grande ressource (4). Quelquefois la récolte des céréales était assez abondante pour permettre l'exportation ; d'autres années, au contraire (5), elle ne suffisait pas à la consommation. Dans une lettre circulaire (6) écrite le 1er octobre 1595, au lendemain d'une récolte très inférieure aux besoins, Henri IV recommande aux autorités municipales d'attirer le blé étranger en rassurant les marchands qui pouvaient craindre la saisie et en leur faisant espérer qu'il sera taxé à un prix rémunérateur. Les provinces les plus fertiles en céréales étaient la Touraine, le Pays Messin, le Quercy, la Guyenne, le Languedoc, la Provence, la Picardie, le Soissonnais, la Brie, le Bassigny, la Normandie, mais surtout la Beauce qu'on appelait le grenier de la France (7).

La vigne venait, dans les richesses naturelles de la France, immédiatement après les céréales. La viticulture s'était propagée un peu partout, et ce n'est pas sans étonnement qu'on la rencontre dans des latitudes qui nous paraissent aujourd'hui lui être tout à fait rebelles. Cette dispersion s'était en partie produite par suite

(1) Rozier, *Cours d'agric.* L. de Lavergne, *Economie rurale de la France.*
(2) Bastiat, *loc. cit.* L. de Lavergne, *Economie rurale de la France.*
(3) Delisle, *op. laud.*
(4) « Car, à la vérité, sans ce grain qui nous est venu depuis soixante ans, les pauvres gens de ce pays auroient beaucoup à souffrir, combien qu'il amaigrisse fort la terre. » Noël du Fail, *Contes... d'Eutrapel,* xxix.
(5) Relation de Badoer (1603-1605), I, 84.
(6) *Lettres miss.,* IV, 413.
(7) *Causes de l'extrême cherté,* p. 173. Philippson, II, 336. Grégoire, p. cl. *The View of Fraunce* (en 1598, par Dallington, secrétaire de l'ambassadeur d'Angleterre, trad. par Emerique, p. 4).

de cette idée que chaque province et même chaque circonscription plus petite constituait un monde économique fermé, qui devait trouver toutes ses ressources en lui-même. Toutefois on remarque dès l'époque de Henri IV la préoccupation d'approprier les cultures aux terrains et aux climats et de ne pas persister dans celles qui sont désavouées par la nature. C'est ainsi que la viticulture avait été abandonnée en Normandie, en Picardie, en Bretagne (1). Si elle occupait une zone beaucoup trop étendue encore, elle le devait non seulement à la considération que nous avons dite, mais encore à ce qu'elle exigeait moins de capital que la culture des céréales et offrait au petit propriétaire un travail plus rémunérateur (2). Il résultait de son extension que le vin était abondant et peu coûteux et que l'usage en était assez répandu pour que l'auteur du *Discours sur les causes de l'extrême cherté* ait cru pouvoir écrire en 1574 que tout le monde en buvait, assertion dont il faut préciser la véritable portée en ajoutant que ce n'était pas pour tout le monde une habitude, que les paysans ni même les ouvriers n'en buvaient qu'exceptionnellement.

L'énumération des crus en renom fera connaître ce qu'on pourrait appeler les migrations de la viticulture ainsi que les variations du goût. Ces crus étaient, pour les vins rouges ou *clairets*, ceux de l'Orléanais, de Canteperdrix dans le territoire de Beaucaire, de Castelnau, de Moussen Giraud, de Bagnols, de Montélimar, de Villeneuve-de-Berg, de Tournon, de Ris, d'Ay, d'Arbois, de Picardent, de La Rochelle, et en Bourgogne ceux de Sens, d'Auxerre, de Tonnerre, de Joigny, de Chablis, de Seurre, de Beaune; pour les vins blancs, ceux d'Orléans, plus estimés encore que ses vins rouges, de Beaune, d'Aunis, de Joyeuse, de Largentière, de Montréal, de Lambras, de Cornas en Vivarais, de Coucy qui était un vignoble royal, d'Anjou, de Loudun en Languedoc, de Montréal, de Gaillac, de Rabasteins, de Nérac, de Graves, les muscats et blanquettes de Frontignan et de Mirevaux. Sans égaler ceux que nous venons de nommer, les plants aujourd'hui obscurs ou discrédités d'Argenteuil, de Vanves, de Meudon, de Montmartre et d'autres du terroir sablonneux des environs de Paris, passaient pour donner un vin très sain (3).

(1) *Théâtre d'agric.*, I.
(2) A. Young, *Voyages en France*, II, 189.
(3) *Théâtre d'agric.* I, 209-260. Bouchet, *Serées*, I et II, 250. Etienne et Liébault,

Après le vin, la boisson la plus recherchée par nos ancêtres était le cidre (1) et le poiré. La bière ne venait qu'après et l'on n'en buvait que dans les pays privés de pommes et de poires, tels que certains endroits de la Picardie. L'hydromel remplaçait le vin dans les pays où manquait la vigne et où le miel abondait, du côté des Ardennes, par exemple.

Nous ne ferons qu'énumérer, avant d'arriver aux prairies et à l'élevage, certaines cultures peu répandues. La canne à sucre était cultivée en Provence. L'ambassadeur d'Angleterre Carew nous apprend que le roi en fit planter dans les îles d'Hyères, étendant ainsi les essais qui avaient déjà été faits sur le continent, aux environs de la ville elle-même (2). Mais cette culture resta aussi limitée que celle du riz, que nous tirions presque entièrement de l'étranger et que l'on achetait très cher et à la livre, comme le sucre (3). Le pastel ne venait bien que dans le Lauraguais (4). Le Dauphiné fournissait les meilleures châtaignes. On trouvait le safran en Auvergne (5). Le sel était assez abondant pour former l'un des principaux articles de nos exportations. On en recueillait en Saintonge, en Lorraine, en Bourgogne, en Provence, en Languedoc, en Guyenne ; celui de Saintonge était le meilleur et le plus facile à conserver (6). On récoltait en Normandie, en Bretagne et dans une partie de la Picardie du lin et du chanvre de très bonne qualité (7); la culture en était assez étendue pour donner lieu à un commerce avec l'étranger.

L'importance des prairies dans l'économie rurale avait été parfaitement comprise par Olivier de Serres. « Sur l'herbage, écrit-il, comme sur un ferme fondement toute l'agriculture s'appuie. Aussi void on que, moyennant le bétail, tout abonde en un lieu, tant par

---

Maison rustique, f. 322, 349 et suiv. Rabelais, *Pantagruel*, III, LVII. V, XXXIV. Gohorry, *Devis sur les vignes, vins et vendanges*, 1549. Philippson, II, 336.

(1) Voy. sur la pomologie normande les détails minutieux donnés par S. Luce et M. de Beaurepaire.

(2) Birch. Denis, *Description géogr. et hist. de l'Amérique septentrionale*, 1672, 1, 17. Denis et Chassinat, *Hyères ancien et mod.* 400-401.

(3) *Recueil de ce qui se passe dans l'assemblée du commerce...* dans les *Doc. inédits.*

(4) *Théâtre d'agric.*, II, 428.

(5) Philippson, II, 337.

(6) *Causes de l'extrême cherté*, 153. *Reg. journaux* de Lestoile, nouvelle édit. (1574), I, 46.

(7) *Écon. roy.*, VI, 319. *Discours prélim.*, par l'abbé Texier, en tête de la section : *Agriculture* de l'*Encyclopédie méth.*

le denier liquide qui sans attente en sort que par les fumiers causans abondance de toutes sortes de fruits. » En l'absence de toute circonstance de nature à modifier cette répartition, la part des bois et des prairies dans le domaine rural devait, d'après lui, être des deux tiers. En réalité, les pâturages étaient loin d'occuper la place que le savant agronome leur assignait. Des droits de dépaissance, dont les uns étaient réservés aux habitants des communautés, aux *communiers* (*pâtures vives ou grasses*), dont les autres étaient acquis à tout le monde (*vaine pâture*), suppléaient à l'insuffisance des pacages dans la propriété privée. Le droit de vaine pâture s'exerçait sur les prés après la première coupe et même après le regain. En général, les propriétaires pouvaient s'y soustraire en se clôturant; c'était le principe dans les pays de droit écrit et même ailleurs. Certaines coutumes pourtant imposaient au propriétaire l'obligation de subir la vaine pâture. Les paroisses dont les territoires étaient contigus, jouissaient, sous le nom d'*entrecours*, du droit de faire pâturer leur bétail sur leurs communaux respectifs (1).

Ces communaux avaient été, dans le cours des siècles et surtout pendant les guerres civiles, usurpés par les seigneurs. Les paroisses grevées les avaient elles-mêmes aliénés à vil prix. On a vu qu'un édit rendu en 1600, au mois de mars, leur accorda, pendant quatre ans, la faculté de les racheter au prix coûtant (2).

La théorie des prairies artificielles était connue. Dès 1589, Ch. Estienne et Jean Liébault en avaient indiqué la méthode (3); mais les propriétaires avaient peu profité de la leçon. La pratique ne s'en répandit guère davantage après qu'Olivier de Serres eut tracé la distinction des prés naturels et des prairies artificielles, en même temps qu'il décrivait l'irrigation en homme qui en a la longue expérience (4). En admettant, sur la foi de Grégoire (5) qui n'en donne pas la preuve, que le roi ait créé, d'après les préceptes du

---

(1) Coutumes du bailliage de Sens (1506), tit. xv, du bailliage d'Auxerre, de l'évéché et comté de Verdun, de Bordeaux (1520), art. cx, de la baronie de Linières en Berry (1539), de Vitry-le-François (1509), chap. xi. Loisel, *Inst. cout.,* nᵒˢ 245, 247. Boucher d'Argis, *Code rural.* Boncerf, *Les inconvénients des droits féodaux*, p. 9. Merlin, *Répertoire*, Vᵒ *Vaine pâture*. Rivière, *Hist. des biens communaux en France*, 1856. Glasson, *Communaux et communautés dans l'anc. droit franç. Revue hist. du droit*, 1891.

(2) Freminville, *Traité de jurisp. sur l'orig. et le gouv. des communaux*, p. 7-8, 39. 114. Cahier du Tiers Etat aux Etats de Blois, 1576. Picot, III, 389.

(3) *L'agriculture et maison rustique*, 279.

(4) *Théâtre d'agric.*, chap. iii du VIᵉ livre. — (5) *Loc. cit.*

grand agronome, des prairies artificielles dans plusieurs de ses domaines, il n'en résulterait pas que cet exemple ait trouvé beaucoup d'imitateurs. La propagation systématique des prairies artificielles n'a eu lieu qu'au xviiie siècle et, même alors, elle rencontra une telle résistance qu'il fallut, pour la vaincre, accorder aux propriétaires des privilèges, des exemptions de dîmes, par exemple (1).

En dépit des avantages dont la vaine pâture, les communaux et le parcours faisaient jouir les petits éleveurs, la production du bétail était peu développée et fort inférieure déjà, par exemple, à celle de l'Angleterre. L'élevage, du moins, avait le mérite de soumettre aussi peu que possible le bétail à la stabulation, on préférait le laisser pâturer en liberté, au risque d'éprouver des difficultés pour s'en rendre maître (2).

C'était principalement en Berry et, à un moindre degré, en Auvergne, en Picardie, en Bretagne, en Sologne, dans l'Ile-de-France, en Normandie, dans le Valentinois, dans les monts Corbière qu'on s'adonnait à l'élevage (3). On se livrait à celui du cheval en Bourgogne, en Normandie, en Bretagne, en Auvergne, en Poitou, en Gascogne, dans le Perche et la Bresse ; mais la production chevaline était insuffisante et pour les besoins de la vie civile et pour la remonte de la cavalerie qui constituait encore la force principale des armées. Olivier de Serres regrette que la France, riche en races de chevaux (4), soit obligée de tirer d'Allemagne, d'Angleterre, d'Italie, de Corse, de Sardaigne, d'Espagne, de Turquie, de Transylvanie la plus grande partie de ceux dont elle a besoin (5). La création des haras fut une des questions qui occupèrent la commission du commerce dont nous dirons ailleurs la mission et les travaux, et le roi en établit à Meung-sur-Loire et à Saint-Léger dans le comté de Montfort-l'Amaury (6).

La réputation du bœuf du Limousin et de la vallée d'Auge comme des veaux de la Brie (7) ne permet pas d'affirmer que l'élevage de

---

(1) Dareste, 2b7. Condorcet, *Eloge de Duhamel du Monceau.*
(2) Voy. dans le *livre de raison* de Gouberville la fréquente mention des battucs organisées pour s'emparer du bétail, des chevaux surtout.
(3) *Théâtre d'agric.*, I, 558. Philippson, II, 337.
(4) « N'y a t-il point de bonnes races de chevaux... en divers lieux du royaume que l'on nomme chevaux de païs? » Gohorry, *op. laud.*
(5) *Théâtre d'agric.* I, 542. Gohorry, *loc. cit.*
(6) *Recueil de ce qui se passe... Ubi supra.* Isaac Laffemas, *Histoire du commerce* dans Cimber et Danjou, 421. Arrêts du Conseil d'Etat, Bibl. nat., mss. franc. 18,169, col. 102 v°. 18,163 fol. 150 v°. Sur l'élevage du cheval, voy. *Théâtre d'agric.*, VIe lieu, chap. x.
(7) Gohorry, *loc. cit.* Le Roux de Lincy, *Prov. franç.* Dallington, p. 5.

la race bovine fût très perfectionné, et en réalité deux espèces seulement relevaient la France de l'infériorité où elle était restée dans la production du bétail : l'espèce ovine pour la quantité et la qualité (1), l'espèce porcine pour la quantité tout au moins. Les laines françaises étaient très recherchées à l'étranger. Les plus fines venaient du Berry, de la Sologne, de l'Ile-de-France, de la Normandie, du Valentinois, des monts Corbière (2).

Là où le bétail est insuffisant, l'engrais l'est aussi. Dans certaines provinces, d'ailleurs, par incurie et par système, on ne fumait jamais les terres ; c'était le cas de la Provence (3). Ailleurs on était plus éclairé ; dans le Maine, dans d'autres provinces encore, on appréciait tout le profit que tire la terre du parcage des moutons (4). Si un dicton du xvie siècle recommande de donner au bétail une abondante litière, c'est surtout pour avoir plus de fumier (5). Dans certaines régions, notamment dans certaines parties de la Gascogne, on mettait la marne au-dessus de tous les amendements (6). L'*écobuage* n'était guère pratiqué que dans quelques cantons des Ardennes (7), mais le *brûlis*, qui en diffère peu, était plus répandu (8). On y recourait surtout quand, au lieu de laisser reposer la terre, on lui demandait une récolte deux années de suite (9). Les autres amendements en usage étaient, outre le fumier d'écurie et d'étable, la fiente du colombier ou *colombine*, le varech, le sable marin, le compost provenant des boues et du curage des viviers et enfin la chaux, qui ne passait pas pour exercer une action très rapide (10).

Si nous ne nous trompons, les faits que nous venons de mettre

(1) « ... Castrati particolarmente, i quali, par la qualità delle erbe che mangiano e per l'aere che spirano, sono in quel paese molto piu saporiti che non é il vitello d'assai... » Relation de Duodo, 1598, *ubi supra*.

(2) *Théâtre d'agric.*, I, 558. André du Chesne, 490.

(3) Quinquerau de Beaujeu, évèque de Senez, *De laudibus Provinciæ*, 1550. Cité par Grégoire, *op. laud.*, cxxx.

(4) Belon, cité par Doniol, 343.

(5) Et plus met-on de paille en l'estable et plus y a de fumier. Le Roux de Lincy, *Prov. franç.*, v° *Fumier*.

(6) B. Palissy, *Recepte véritable par laquelle tous les hommes de la France pourront apprendre à multiplier et augmenter leurs thrésors*, 1563. *Préface*.

(7) B. Palissy, cité par Grégoire, cxxx.

(8) Tollemer, 317. On sait que l'écobuage consiste à enlever la superficie de la terre avec les racines et à les brûler, tandis que le brûlis se réduit à brûler les chaumes après la récolte.

(9) Bernard Palissy, *op. laud.*, 509.

(10) Gouberville, 306. Tollemer, p. 317. Le Roux de Lincy, *Prov. franç.*

sous les yeux de nos lecteurs ont dû les préparer aux conclusions qu'il nous reste à leur présenter.

A l'avènement de Henri IV, l'agriculture subissait une crise qui durait depuis vingt-sept ans environ et qui avait appauvri les grands propriétaires, ruiné la petite culture, multiplié et aggravé les servitudes féodales, déclassé en partie la plèbe rurale en lui laissant des habitudes de désœuvrement, des ferments de défiance et de révolte. Près de dix ans s'écoulèrent encore avant que la sécurité fût rétablie, avant que la population agricole se rassît et reprît racine de façon à se prêter à une étude qui ne peut être féconde que quand elle s'applique à une société au repos ou, pour mieux dire, livrée à une activité réglée.

Voici ce que cette étude nous a montré : une agriculture peu intensive, bien qu'aucun engrais naturel ne lui soit inconnu ; la prépondérance des céréales dans les assolements ; la dispersion mal entendue de la viticulture ; l'insuffisance des pâturages, et, par suite, de l'élevage ; l'exploitation sans ménagement des forêts ; le règne de la routine ou, si l'on veut, de la tradition, menacé, dans un avenir encore éloigné, par l'apparition d'un livre où la doctrine, appuyée sur l'expérience, fonde l'agronomie française.

Bien qu'il ne manquât pas de grands domaines, la propriété foncière était plutôt morcelée. Le crédit agricole n'existait pas et l'intérêt élevé que l'argent rapportait dans les offices et les fermes éloignait les capitaux de l'agriculture, comme de l'industrie et du commerce. Les grands propriétaires résidaient encore sur leurs terres, bien qu'ils se sentissent déjà attirés vers la ville et la cour. Quand ils n'exploitaient pas eux-mêmes, ils avaient des fermiers, des colons partiaires et des locataires emphytéotiques. Grâce à leurs longs baux, fermiers et colons partiaires, et, à plus forte raison, locataires emphytéotiques, jouissaient avec sécurité du fruit de leurs travaux et de leurs dépenses. En revanche ils trouvaient dans leur bailleur un seigneur qui exerçait sur eux, concurremment avec le roi, les attributions de la souveraineté. Malgré les charges de cette souveraineté, malgré le trouble que les guerres civiles et les usurpations qui en avaient été la conséquence y avaient apporté, les rapports des grands propriétaires et de leurs tenanciers tendaient à reprendre leur ancienne familiarité.

Dans la renaissance agricole qui suivit les guerres civiles, une grande part doit être accordée à la royauté. Le bien que la monar-

chie de l'ancien régime a fait, elle a eu bien plus de mérite à le
faire que les gouvernements centralisés des temps modernes, car
sa bonne volonté a été souvent contrariée par les autonomies
locales, par l'apathie nationale, par ses propres instruments. Si
l'opinion, représentée surtout par les États généraux, lui a souvent
inspiré ses meilleures résolutions, il faut lui tenir grand compte
de l'énergie qu'elle a dû déployer, avec un système administratif
et fiscal aussi vicieux, pour les faire triompher. Henri IV, pour ne
parler que de lui, a exonéré l'agriculture du passif arriéré qui la
grevait et réduit d'un quart le montant de la taille, dont elle supportait le principal poids. Il lui a donné la sécurité. Bien qu'il n'ait
pas fait, comme l'a dit M. Poirson, de la liberté du commerce des
grains le régime normal et permanent du pays (1), bien qu'il l'ait
assez souvent subordonnée aux circonstances, il en a adopté le
principe et il a réussi à le faire presque constamment prévaloir. Il
eut à combattre pour cela les préjugés du temps et les résistances
locales. Ce ne fut pas sur ce point seulement qu'il s'y heurta. Quand
il entreprit de dessécher les marais, le pays refusa ses capitaux et
les populations qui devaient profiter le plus directement du desséchement et dont il avait si scrupuleusement ménagé les droits
acquis, entravèrent les travaux. Si nous ne devions nous renfermer
dans le domaine de l'agriculture, si nous abordions celui de l'industrie et de la politique, par exemple, on verrait que ce qui se
passa dans le premier se passa également dans les autres, que
l'intelligence de l'avenir et l'initiative furent toujours du côté du
roi, la routine et l'inertie du côté du pays. Sully et même
Olivier de Serres, bien que son influence ait été lente à se répandre
et soit difficile à saisir, doivent partager avec Henri la gloire
d'avoir rendu l'essor à l'agriculture nationale.

La réduction de la taille et la remise d'une partie de l'arriéré
n'empêchèrent pas la population rurale d'avoir à supporter de
lourdes charges. C'était, prétend Carew (2), un principe du gouvernement français d'écraser les contribuables pour les empêcher de
remuer. Aussi, toujours d'après lui, le peuple maudissait le gouvernement et accusait le roi de vouloir être non le roi des Français
mais le roi des Gueux. Il ajoute que les collecteurs de la taille
poussaient la rigueur jusqu'à vendre les portes, les fenêtres, les

(1) Il fut suspendu par exemple en 1604 et en 1608, mais en 1604 ce fut à
titre de représailles contre l'Espagne, et 1608 fut une année de disette.
(2) P. 461.

tuiles de la maison des contribuables insolvables. De toutes les provinces, la Normandie aurait été la plus accablée. Sully se vantant un jour à l'ambassadeur qu'elle rapportait plus au roi que le roi d'Angleterre ne tirait de tous ses États : « C'est le moyen, lui aurait répondu son interlocuteur, de faire désirer aux sujets de Sa Majesté Très Chrétienne un changement de maître et d'attacher les Anglais au leur (1). » Sully reconnaît lui-même dans une lettre à Henri IV, du 13 septembre 1604, que la pauvreté du peuple augmente d'année en année (2). Nous ne dissimulerons pas la gravité de ces témoignages, bien que celui de Carew soit affaibli par ses préventions nationales, accrues du sentiment que la paix de Vervins avait laissé en Angleterre. La situation douloureuse qu'ils dénoncent était un legs de la période de cruelles épreuves que l'agriculture avait traversée et dont, faute de crédit agricole, elle se ressentait encore. Le passif qui existait dans le modeste budget du petit cultivateur au moment où il avait pu se remettre au travail, lui faisait paraître très lourds des impôts qui pourtant avaient été réduits (3). Mais ce même Carew proclame hautement ce que la France doit à son roi, la popularité que celui-ci s'est acquise par le rétablissement de la paix intérieure et de la sécurité, par les gains que les travaux publics procurent à beaucoup de ses sujets, par la réparation des grandes routes accomplie sans nouveaux impôts (4); il reconnaît que le roi administre son royaume avec une passion du bien public comme on n'en a pas vu depuis longtemps sur le trône, qu'il cherche à en faire valoir chaque coin avec la vigilance et l'intelligence d'un fermier dans l'exploitation de son domaine (5). C'est sous cette impression qu'il faut rester et, si l'on voulait personnifier la France de Henri IV, il faudrait se la représenter sous l'image riante et épanouie que lui ont donnée Olivier de Serres dans la dédicace de son livre et Rubens dans les opulentes allégories de la galerie Médicis : « Votre peuple, écrivait le premier en s'adressant au roi, votre peuple, par ses travaux, demeure en sûreté publique sous son figuier, cultivant sa terre comme à vos pieds, à l'abri de V. M. qui a à ses côtés la justice et la paix (6). »

G. FAGNIEZ.

(1) P. 463. — (2) *Écon. royales*, VII, 234. — (3) Voy. sur la situation budgétaire à la fin du règne, Clamageran, *Hist. de l'impôt*, II. — (4) P. 461-462. (5) P. 430. —(6) *Cf.* le passage souvent cité des mémoires de l'abbé de Marolles.

Paris. — Imp. F. Levé, rue Cassette, 17.